LE JOURNAL DE ZLATA

ZLATA FILIPOVIĆ

Le journal
de Zlata

Traduit du serbo-croate
par Alain Cappon

ROBERT LAFFONT / FIXOT

Couverture : photo Alexandra Boulat/SIPA PRESS.

© Fixot et éditions Robert Laffont, S.A., Paris, 1993.

ISBN 2-266-06313-8

Note de l'éditeur

Au début du mois d'octobre 1993, une journaliste du Figaro Magazine *me contacte par téléphone. Elle s'appelle Christiane Rancé, elle veut nous parler d'un texte écrit par une petite fille qui habite Sarajevo. Zlata Filipović, âgée de treize ans, tient depuis quelques années son journal : lorsque la guerre est apparue à Sarajevo, ce journal est devenu le reflet du drame bosniaque. Grâce à plusieurs personnes de l'entourage de Zlata, il a été publié sur place dans une édition fac-similé, diffusée à quelques exemplaires.*

Devant mon intérêt, Christiane Rancé me suggère de rencontrer Alexandra Boulat, photographe à Sipa Press, qui revient de Sarajevo. Dès le lendemain, je fais la connaissance d'Alexandra et lui propose de retourner en Bosnie pour expliquer à Zlata notre désir de publier son journal. Alexandra revient bientôt à Paris avec l'accord de Zlata.

Entre-temps, une véritable chaîne de solidarité s'est constituée autour de Zlata Filipović. Un reportage de Chantal Kimmerlin a été diffusé dans le journal télévisé de France 2, des journalistes de tous les pays lui ont rendu visite. En France et ailleurs, Zlata est devenue un porte-parole des souffrances de Sarajevo.

Lorsque nous avons pu lire la traduction française du journal de Zlata, nous avons été bouleversés. Dans le nombre de témoignages et d'informations provenant de l'ex-Yougoslavie, les mots de Zlata, le récit quotidien de cette petite fille dont Anne Frank est le modèle, se faisaient entendre avec une résonance particulière. A une heure où la guerre en Bosnie s'enlise dans des négociations sans fin, il nous a immédiatement semblé qu'un texte comme celui-ci pouvait redonner à chacun la conscience du drame qui se joue là-bas.

La parution en France de ce journal a eu comme première conséquence la possibilité pour les Filipović de quitter enfin Sarajevo. Grâce à l'intérêt du public, grâce aux réactions de la presse écrite et de la télévision, grâce enfin à l'intervention du ministre français de la Défense et à celle des Nations unies, nous sommes parvenus à faire sortir Zlata et ses parents de Bosnie. Ils sont aujourd'hui libres, et voyagent à travers différents pays pour sensibiliser l'opinion internationale au cas de Sarajevo.

Nous avons essayé dans cette édition de présenter le journal de Zlata sous la forme qui permette le mieux d'entendre sa voix. C'est pourquoi nous avons reproduit certaines pages manuscrites et décorées de son cahier, et aussi quelques photos, montrant Zlata et sa famille avant et après l'explosion du conflit.

Zlata Filipović est née à Sarajevo le 3 décembre 1980. Elle est fille unique. Ses parents, natifs eux aussi de Sarajevo, sont musulmans, mais il y a dans la famille des ancêtres croates et serbes : Zlata n'aime pas se déclarer de quelque nationalité que ce soit. Elle déteste ces distinctions qui sont la cause de la guerre.

Le père de Zlata est avocat, sa mère chimiste. Ces dernières années, ils n'ont exercé leur métier qu'avec une extrême difficulté. Zlata, de la même façon, n'a pu se rendre à l'école que très épisodiquement.

Elle a toujours été la meilleure élève de sa classe. C'est son grand-père qui lui a appris à lire, lorsqu'elle avait trois ans (c'est une tradition là-bas de préparer les enfants à la lecture avant qu'ils n'entrent à l'école). Avec sa grand-mère, il lui a donné le goût des lettres. C'est donc en partie à ses grands-parents que Zlata doit ses tournures de phrase sophistiquées et ce vocabulaire surprenant pour une enfant de son âge.

Aujourd'hui, Zlata se consacre entièrement à ce qu'elle considère comme son devoir : parler de Sarajevo. Jusqu'au mois de décembre 1993, elle n'avait qu'une obsession : quitter cette ville. Son obsession est aujourd'hui d'y vivre à nouveau, dans la paix.

Bernard Fixot

PRONONCIATION DU SERBO-CROATE

c = ts
ć = tch (doux)
č = tch (dur)
e = é
g = gu (« guerre »)
h = kh

j = ill (« feuille »)
s = ss (« lisse »)
š = ch
u = ou
ž = j

Lundi 2 septembre 1991

Derrière moi, un long été chaud, des journées de vacances sans penser à rien, et devant moi une nouvelle année scolaire. Je passe en sixième. Je suis impatiente de revoir mes camarades de classe, de les retrouver, à l'école et en dehors de l'école. Je n'ai plus revu certaines depuis que la cloche a sonné à la fin de l'année. Je suis contente, on va pouvoir reparler de l'école et se raconter nos petits malheurs et nos grandes joies.

Mirna, Bojana, Marijana, Ivana, Maša, Azra, Minela, Nadža — nous sommes à nouveau toutes ensemble.

Mardi 10 septembre 1991

Une semaine passée à nous procurer les livres, les cahiers et les fournitures, à nous raconter nos vacances à la mer, à la montagne, à la campagne, à l'étranger. Nous sommes toutes parties quelque part, et nous en avons des choses à nous raconter.

A l'école de musique, c'est aussi la rentrée. Deux fois par semaine, cours de piano et de solfège. Les cours de tennis ont repris aussi, je suis maintenant dans le groupe des grands. Le mercredi, cours d'anglais chez la tante Mika[1]. Et le jeudi, chorale. Tout ça, c'est obligé. Et six heures de cours par jour, sauf le vendredi. Mais je tiendrai le coup...

Lundi 23 septembre 1991

Je ne sais plus si j'ai parlé de la technologie. C'est une nouvelle matière que l'on commence en sixième. Comme professeur, on a Jasmina Turajlić et JE L'AIME BIEN. On apprend le bois, sa structure, son utilisation, c'est pas mal. Bientôt, on aura des travaux pratiques, c'est-à-dire qu'on va construire de petits objets en bois et dans d'autres matériaux. Ce sera intéressant.

Les interros d'histoire, de géo, de biologie, ça commence. Au boulot !

---

1. Il faut ici entendre « tante » au sens figuré. C'est un terme dont les enfants se servent pour désigner des personnes proches de la famille quoique sans lien de parenté (par exemple, des amis ou des collègues de leurs parents). (Toutes les notes sont du traducteur, sauf mention contraire.)

Vendredi 27 septembre 1991

Je suis rentrée de l'école passablement fatiguée. Une dure semaine. Demain, c'est samedi, et je vais pouvoir dormir autant que je veux. VIVE LE SAMEDI ! Demain soir, par contre, je suis « prise ». Car demain, c'est l'anniversaire d'Ivana Varunek. J'ai reçu l'« invitation » aujourd'hui. Pour savoir comment c'était, suite au prochain numéro...

Dimanche 29 septembre 1991

Il est 11 heures. L'anniversaire d'Ivana en fait, c'est aujourd'hui, mais elle l'a fêté hier. C'était super. On a mangé des petits croissants, des chips, des sandwichs, et le plus important — le gâteau. Il n'y avait pas que des filles, des garçons aussi étaient invités. On a fait un concours de danse, et j'ai gagné. Comme prix, j'ai eu une petite « boîte à bijoux ». Bref, un chouette anniversaire.

Dimanche 6 octobre 1991

Je regarde le TOP-20 américain sur MTV. Impossible de retenir qui est classé combien.

Je me sens super bien car j'ai mangé une PIZZA « Quatre Saisons » avec du jambon, du fromage, du ketchup et des champignons. C'était succulent. Papa me l'avait achetée chez Galija (c'est la pizzeria du quartier). C'est sans doute pour ça que je n'ai rien retenu du classement, j'étais trop occupée à manger ma pizza.

Je sais toutes mes leçons et demain je peux aller à l'école LES DOIGTS DANS LE NEZ, pas de danger que je me paie des mauvaises notes. D'ailleurs, je mérite d'en avoir des bonnes car j'ai passé tout le week-end à réviser. Je ne suis même pas descendue au parc jouer avec mes copines. Ces jours-ci , il fait beau, et le plus souvent on joue à la balle aux prisonniers, on parle et on se balade. Bref, on s'amuse.

Vendredi 11 octobre 1991

Une journée fatigante, mais c'est un triomphe. Contrôle de maths : 5/5. Devoir écrit de serbo-croate : 5/5. Interrogation orale en biologie : 5/5. Je suis fatiguée, mais contente.

Un nouveau week-end devant moi. Nous partons à Crnotina (c'est notre propriété à une bonne dizaine de kilomètres d'ici : un grand verger avec, dedans, une maison vieille de cent cinquante ans — elle est classée monument historique et placée sous la protection de l'État. Papa et maman l'ont restaurée). Grand-père et grand-mère sont encore là-bas. Je suis impatiente de les voir, et aussi Vildana et Ati (c'est son chien), j'ai envie d'air pur et de nature sauvage. Ah, ce que je vais bien dormir avec tout ça ! ! !

C'était formidable à Crnotina. Notre maison (elle n'est vraiment pas ordinaire) et la nature tout autour me paraissent toujours de plus en plus belles. On a cueilli des poires, des pommes, des noix, on a dessiné un petit écureuil qui barbotait des noix en douce, et le soir on a fait des grillades. Je suis une spécialiste des ćevapčići[1]. Grand-mère nous a fait un strudel aux pommes. J'ai ramassé toutes sortes de feuilles pour notre herbier et j'ai joué avec Ati.

L'automne a déjà bien effacé l'été. Lentement mais sûrement, de son pinceau, il colorie la nature. Les feuilles jaunissent, rougissent, tombent. Les jours sont plus courts, il fait plus froid. L'automne, quelle belle saison ! En fait, toutes les saisons ont leurs charmes. Mais en ville, je ne m'en aperçois pas. Je ne goûte la nature et sa beauté qu'à Crnotina. Là-bas, la nature sent bon, elle me caresse, elle m'appelle pour me prendre dans ses bras. Je me suis bien reposée en sa compagnie à goûter toutes ses beautés.

Samedi 19 octobre 1991

Une journée infecte hier. On se préparait à monter à la Jahorina (la plus belle montagne du monde) passer le week-end. Quand je suis rentrée de l'école, j'ai trouvé maman en larmes et papa était en uniforme. Quelque

---

1. Boulettes de viande grillée.

chose s'est noué dans ma gorge quand papa m'a annoncé qu'il devait rejoindre son unité de réserve de la police car on l'avait rappelé. Je me suis serrée contre lui tout en sanglotant, je l'ai supplié de ne pas partir, de rester avec nous. Papa a dit qu'il était obligé. Il est parti, et on est restées toutes les deux, maman et moi. Maman, qui n'arrêtait pas de pleurer, a téléphoné aux amis et à la famille. Ils sont tous venus aussitôt (Slobo, Doda, Keka, Braco le frère de maman, Tante Melica et je ne sais plus qui encore). Ils sont tous venus pour nous consoler et nous offrir leur aide. Keka m'a emmenée chez elle passer la nuit avec Martina et Matej. Quand je me suis réveillée ce matin, Keka m'a dit que tout allait bien et que papa reviendrait dans deux jours.

Je suis rentrée à la maison, Tante Melica est chez nous, et on dirait que tout va s'arranger. Papa devrait rentrer après-demain. Merci, mon Dieu !

Mardi 22 octobre 1991

On dirait que tout s'arrange. Papa est rentré hier, le jour même de son anniversaire. Après-demain, il va devoir repartir, et comme ça tous les deux jours. Dix heures de garde. Il va falloir s'y faire. Mais ça ne durera sûrement pas. Ce que ça signifie, je l'ignore. Certains réservistes du Monténégro sont arrivés en Herzégovine. Pourquoi, et pour y faire quoi ? Tout ça, c'est de la politique, et la politique, moi, je n'y comprends rien. Après la Slovénie et la Croatie, le vent de la guerre va-t-il

16

souffler sur la Bosnie-Herzégovine ?... Non, ce n'est pas possible.

Mercredi 23 octobre 1991

A Dubrovnik, c'est la guerre pour de bon. De terribles bombardements. Les gens sont dans des abris, sans eau, sans électricité, le téléphone est coupé. A la télé, on voit des images horribles. Papa et maman sont très inquiets, ça n'est pas possible qu'on laisse détruire une ville aussi magnifique. Ils y sont particulièrement attachés. C'est là-bas, au Palais des Recteurs, qu'ils ont signé à la plume d'oie leur OUI à leur future vie commune. Maman dit que Dubrovnik est la plus belle ville du monde et qu'il ne faut surtout pas qu'elle soit détruite !

On se fait du souci pour parrain Srdjan (lui travaille et habite à Dubrovnik, mais il a toute sa famille à Sarajevo) et aussi pour ses parents. Comment supportent-ils tout ce qui leur arrive ? Est-ce qu'ils sont toujours en vie ? On essaie de les joindre par des radioamateurs, sans y parvenir. Bokica (la femme de Srdjan) se désespère. Tout ce que nous faisons pour savoir quelque chose ne donne rien. Dubrovnik est coupée du monde.

Mercredi 30 octobre 1991

Une bonne nouvelle. Mon professeur de piano m'a dit qu'il va bientôt y avoir un petit concert à l'école, et

17

je vais jouer ! ! ! Il va falloir que je répète. J'interpréterai les Six Variations sur un Chant slovaque de Kabalevski. Des morceaux courts, mais difficiles. Mais ça ne fait rien, je m'appliquerai.

A l'école, rien de nouveau, la fin du trimestre approche, et les devoirs, ça défile. Les jours raccourcissent, il fait plus froid ce qui veut dire qu'il va bientôt neiger — YOUPI ! Monter à la Jahorina, le ski, les remonte-pentes, les tire-fesses — vivement ! ! ! Je m'y suis prise un peu tôt, nous avons déjà les abonnements de ski pour toute la saison, il va falloir se montrer patiente.

Mardi 5 novembre 1991

Je rentre de la chorale. Je n'ai plus de voix. Non mais, quelle nouvelle ! Notre chef de chœur nous a annoncé que nous allions bientôt donner un concert. Nous allons interpréter *Nabucco*, l'*Ave Maria*, *Kad ja podjoh na Bentbaša*, *Tebe pojem*, et l'*Hymne à la Joie*. Des chants magnifiques.

Vendredi 8 novembre 1991

Je prépare mes affaires, et toi aussi, mon Journal, je t'emporte. Je vais passer tout le week-end chez Martina et Matej (M&M). C'est super ! ! ! Maman a bien voulu. J'ai fourré dans mon sac à dos mes livres de classe, mon

pyjama, ma brosse à dents, tout le bataclan. Le temps de
te mettre dans mon sac, et j'y vais. CIAO ! ! !

Dimanche 10 novembre 1991

Il est 16 h 30, et je rentre à l'instant de chez M&M.
C'était vachement bien. On est allés au tennis, on a
regardé MTV, RTL et SKY..., on est sortis, on s'est pro-
menés — on s'est bien amusés ! Je t'avais toujours avec
moi, mon cher Journal, mais je n'ai rien écrit. Tu n'es
pas fâché ?
Mes devoirs sont faits. Je prends un bain, je regarde
la télé puis je me couche. Un week-end comme les autres
— fantastique.

Mardi 12 novembre 1991

A Dubrovnik, c'est de pire en pire. Nous avons réussi
à savoir par des radioamateurs que Srdjan est en vie et
qu'il va bien, tout comme ses parents. Ce qu'on voit à
la télé est affreux. Les gens ont faim. Nous cherchons un
moyen pour envoyer un colis à Srdjan. Ce sera sûrement
possible par Caritas[1]. Papa continue son service dans la
réserve, il rentre à la maison fatigué. Quand tout cela

---

1. *Caritas Internationalis.* Association catholique internationale
comprenant des organisations dans cent cinquante-deux pays (servi-
ces sociaux, secours d'urgence, etc.).

s'arrêtera-t-il ? D'après papa, sans doute la semaine prochaine. Merci, mon Dieu.

Jeudi 14 novembre 1991

Papa a fini son service de réserve. Youpi ! ! ! Nous allons pouvoir passer le week-end à la Jahorina et à Crnotina. Sauf que, ces derniers temps, il y a des problèmes d'essence. Papa fait très souvent des heures de queue, il va dans les villes des environs pour en trouver, mais il rentre souvent bredouille.

Avec Bokica, nous avons envoyé un colis à Srdjan. Par les communications radio, nous savons qu'ils n'ont rien à manger. Et pas d'eau. Srdjan a troqué une bouteille de whisky contre cinq litres d'eau. Les mots œuf, pomme, pomme de terre sont maintenant des noms abstraits pour les habitants de Dubrovnik.

La guerre en Croatie, la guerre à Dubrovnik, des réservistes en Herzégovine. Papa et maman regardent en permanence les informations à la télé. Ils sont inquiets. Maman pleure souvent en voyant les terribles images que l'on montre. Avec leurs amis, ils discutent le plus souvent de politique. La politique, qu'est-ce que c'est ? Aucune idée, pour ma part. Et puis ça ne m'intéresse pas tellement. Je viens de regarder *Midnight Caller*.

Mercredi 20 novembre 1991

Je rentre de l'école de musique. J'ai donné mon petit récital. Je crois avoir bien joué, m'être appliquée. Je n'ai fait que deux fausses notes qui sont peut-être passées inaperçues. Matej était dans le public. Je suis fatiguée, à cause de la tension nerveuse.

Mercredi 27 novembre 1991

Le 29 novembre approche. La Fête nationale. Papa et maman vont faire des courses, et tout laisse à penser que nous allons monter à la Jahorina, chez Jaca (marraine Jasna), YOUPI ! ! ! Vivement. Là-haut, ce sera comme d'habitude — super chouette, inoubliable.

Vendredi 29 novembre 1991

Nous sommes à la Jahorina. Jaca a chauffé la maison, il y a du feu dans la cheminée. Zoka (le mari de marraine Jasna) prépare des spécialités, comme à son habitude, et papa discute politique avec Boža (un ami et collègue de papa). Maman et Jasna interviennent dans la discussion, et nous, les enfants — Branko, Svjetlana, Nenad, Mirela, Anela, Oga et moi — on réfléchit à ce qu'on va faire : se promener, aller jouer, regarder un film à la télé ou se lancer dans l'inévitable partie de Scrabble. Cette fois, on va jouer. A chaque fois, ça donne lieu à des plaisanteries et des jeux de mots que nous sommes les seuls à comprendre. Le temps est froid mais superbe. Que je suis heureuse, que je me sens bien ! Les bonnes choses que l'on nous donne à boire et à manger à la Jahorina, cette ambiance entre nous. Et le soir, le moment le plus agréable — Oga et moi allons nous coucher les premières, et on papote longtemps, longtemps avant de s'endormir. On parle, on forge des plans, on se confie l'une à l'autre. Ce soir, on a parlé de MTV et des nouveaux clips.

Lundi 2 décembre 1991

Demain, c'est mon anniversaire. Maman prépare des galettes, le gâteau et tout le reste car, dans notre maison, c'est toujours une grande fête. Le jour pile, le 3 décembre, je reçois mes copines, et le lendemain, la famille et les amis. Avec maman, on prépare une tombola et des quiz pour les enfants. Demain, on va mettre des verres, des assiettes à dessert et des serviettes avec des petites pommes rouges. C'est très mignon. Maman a acheté tout ça à Pula. Le gâteau sera en forme de papillon et... il y aura onze bougies à souffler ! Je vais devoir inspirer à fond pour les éteindre toutes d'un seul coup.

Aujourd'hui, c'est le grand jour : c'est mon anniversaire. Bon anniversaire, Zlata ! ! ! Hélas, je suis malade. J'ai une inflammation des sinus, et du pus qui me coule dans la gorge. En fait, je n'ai pas mal, mais je suis quand même obligée de prendre des antibiotiques — du Penbritine — et de me mettre des gouttes écœurantes dans le nez. Qui me brûlent horriblement. Il fallait que ça arrive justement le jour de mon anniversaire. Mon Dieu, mon Dieu, c'est vraiment pas de chance ! (Allons, ne sois pas aussi pessimiste, tout n'est pas aussi noir.)

Bon, d'accord, je vais guérir, et on fêtera ça plus tard, je veux dire avec mes copines, car les « grands » (les amis et la famille) viennent quand même me souhaiter mon anniversaire aujourd'hui. Et moi qui suis en chemise de nuit ! Papa et maman m'ont offert des cadeaux qui me plaisent beaucoup : une paire de skis Head, de nouvelles fixations Tyrolia et de nouveaux bâtons. C'est super ! Merci maman, merci papa !

Une partie des invités vient de nous quitter, et je suis un peu fatiguée. Il va falloir que j'arrête d'écrire, je n'ai plus d'idées, plus d'inspiration. Bonne nuit.

Je suis au lit, avec toi, mon Journal. Toute une journée devant moi à rester couchée. Bimbilimbica (ma poupée préférée) s'ennuie sur la table de nuit, et Panda la regarde, sans la quitter des yeux... Qu'il continue.

19 h 45. Je suis toujours au lit et j'entends le boucan que fait notre machine à laver. Le réparateur est là. La pauvre vieille, elle est « centenaire ». Je devrais lui dire « vous ». Le réparateur est parti, et j'écoute Michael Jackson, *Man in the Mirror*. Une idée folle vient de me passer par la tête. je vais essayer de m'inscrire au fan-club de Madonna. Je suis vraiment dingue !

Jeudi 5 décembre 1991

Je me suis réveillée très tard. Puis Azra, Minela et Bojana sont venues me rendre visite. Bojana fête son anniversaire samedi. La veinarde ! MAIS POURQUOI FAUT-IL QUE JE SOIS MALADE ? ! Sniff ! Sniff !

Samedi 7 décembre 1991

Le week-end au lit. Bojana fête son anniversaire, et je ne peux pas y aller. Je suis triste. Je n'arrive plus à lire, ni à regarder la télé. Je-veux-gué-rir !

Tous les soirs, papa et maman essaient de téléphoner à Srdjan, mais c'est impossible d'avoir Dubrovnik. C'est vraiment la guerre là-bas. J'ai vu des images de Dubrovnik à la télé. C'est terrible. Nous nous faisons du mauvais sang pour Srdjan et pour les siens. Maman a réussi (à force de persévérance) à avoir la communication à 11 heures du soir. Il a faim et soif, il a froid, ils n'ont pas de courant, pas d'eau, rien à manger. Il est triste. Maman a pleuré. Mais qu'est-ce qui se passe, et pourquoi ? Mon Dieu, est-ce possible que ce soit la guerre là-bas ? Dubrovnik tombe en ruine, les gens meurent. C'est la triste vérité, malheureusement. Fais bien attention à toi, Srdjan, et je croise les doigts pour toi. Un de ces jours, nous t'enverrons un autre colis, par Caritas.

Lundi, je vais chez la tante Mira (la doctoresse) pour une visite de contrôle. Ciao !

Lundi 9 décembre 1991

J'ai passé la visite. La tante Mira a dit que je pouvais retourner à l'école demain. Supeeeeer ! On m'a acheté un nouveau pantalon gris chez Kika (une boutique pour enfants). Je le trouve bien. Oh ! c'est l'heure de *Murphy Brown* à la télé. Il faut que je regarde ! Ciao !...

Mercredi 11 décembre 1991

Je suis retournée à l'école. On apprend des tas de choses, on arrive bientôt à la fin du trimestre. Demain, contrôle de maths. Il faut que je révise. Aujourd'hui, j'ai eu 5/5 en histoire. Samedi, je fête (en retard) mes onze ans.

Aujourd'hui, onze jours après, j'ai fêté mes onze ans avec mes amies. On se serait cru le vrai jour. Il y avait la tombola, les quiz, le gâteau en forme de papillon. J'ai soufflé toutes les bougies du premier coup. On s'est bien amusées. C'est cette maladie qui m'a empêchée de fêter ça le 3 décembre, mais aujourd'hui, c'était bien aussi. Allez, une dernière fois — Bon anniversaire, Zlata, et, à l'avenir, ne sois plus malade ce jour-là. Ah oui, j'oubliais : j'ai eu des bibelots mignons comme tout, pour la plupart de chez Mélanie (c'est une boutique où l'on vend de merveilleux petits cadeaux pour ce genre d'occasions). Ils se marient merveilleusement bien avec toutes les autres petites choses que j'ai dans ma chambre.

A Sarajevo (on l'a vu à la télé) a débuté l'action « Aide de la Ville de Sarajevo aux Enfants de Dubrovnik ». Dans le colis pour Srdjan, nous avons ajouté un beau petit paquet pour le Noël d'un enfant inconnu de Dubrovnik : des bonbons, des chocolats, une petite poupée, des livres, des crayons, des cahiers — tout ce qu'on a pu trouver car nous voulions gâter un enfant innocent que la guerre empêche d'aller à l'école, de jouer, de manger ce qui lui fait plaisir, et d'être heureux d'être un enfant. Le petit paquet est joli, avec des couleurs vives. J'espère que celui qui le recevra sera content. Nous le souhaitons tous. J'ai écrit une petite carte pour dire que je souhaite que la guerre à Dubrovnik s'arrête très bientôt.

Jeudi 26 décembre 1991

17 h 45. Cela fait longtemps que je ne me suis pas confiée à toi, mon Journal. Alors, tiens, je te raconte tout dans l'ordre : j'ai eu 4/5 à mon examen de piano. En solfège, j'ai eu 5, et 5 aussi en instrument, ce qui m'a valu des félicitations. Mirna s'en est aussi bien sortie que moi. J'ai écrit aux Sa³-tchi-tchi et on m'a envoyé une place pour les *Tortues Ninja*.

Hier, c'était Noël. Nous sommes allés chez M&M (Martina et Matej). C'était formidable. Un grand sapin, des cadeaux de Noël et l'inévitable réveillon. Bokica et Andrej étaient là aussi. Et, surprise..., Srdjan nous a téléphoné de Dubrovnik. Tout le monde était heureux et, en même temps, triste. Nous, on était bien au chaud, avec des décorations et des cadeaux de Noël partout, avec une multitude de choses délicieuses à manger et à boire. Et lui, comme tout le monde à Dubrovnik, se trouvait plongé... dans la guerre. Cette guerre, Srdjan, elle va finir, et de nouveau nous allons nous retrouver tous ensemble ! Tiens bon, Srdjan ! Je croise les doigts pour toi, très fort, et aussi pour tous les gens et tous les enfants de Dubrovnik.

Bientôt la nouvelle année. L'ambiance, à la veille de cette grande fête, ne me paraît pas la même que d'habitude. Papa et maman, pas plus que nos amis ou les gens de notre famille, n'ont l'intention de fêter ça dignement. On n'en parle pratiquement pas. A cause de la guerre à Dubrovnik ? Ou est-ce qu'on craindrait quelque chose ? Je n'en sais rien, et je ne comprends rien. Maman a dit que demain, nous allions décorer le sapin.

Aujourd'hui, c'était le dernier jour de cours à l'école de musique. Et à l'école ? ! J'espère obtenir tous les 5. YO, BABY, YO ! comme dit The French Prince of Bel Air. C'est l'une de mes séries préférées tard le soir. WAOUH... la tartine que j'ai écrite ! Mais visez-moi ce déballage... WAOUH !

Encore ceci : demain, on va au cinéma avec l'école. Voir *Croc-Blanc*. C'est un livre formidable de Jack London. J'espère que le film sera à la hauteur. Ciao ! ! !

Lundi 30 décembre 1991

On a décoré le sapin. Je suis allée faire les courses avec maman. On a acheté des cadeaux pour la famille et les amis. On a fait de jolis paquets, écrit pour chacun une carte de vœux, et j'ai disposé les cadeaux au pied du sapin. Ça fait très beau. Maman fait mijoter des trucs, elle enfourne, elle malaxe — il y aura de tout. Mais j'ai comme l'impression que le réveillon du Nouvel An, on va le passer tout seuls, at home.

Mercredi 1er janvier 1992

Voilà, c'est fait : le réveillon du Nouvel An, je l'ai passé
AT HOME WITH MY MUMMY AND DADDY. C'était pas mal, juste
un peu bizarre. Bonne et heureuse année.

On était juste entre nous, et c'est sûrement pour cela
qu'aujourd'hui, la maison était pleine d'invités. On en
a eu du monde, les « petits » (mes amis), les « grands »
(les amis de papa et maman), et aussi la famille. On s'est
bien amusés quand même.

Samedi 4 janvier 1992

Hier, nous sommes montés à la Jahorina. C'est vraiment super là-haut. On a fait de la luge dans le noir, on
a fait les imbéciles, on a joué au Yams. C'était vachement
bien ! Nous n'avons pas dormi à la Jahorina, mais ça ne
fait rien. Hier soir, on passait *Les Sorcières d'Eastwick* avec
Cher, Michèle Pfeiffer, Jack Nicholson, et quelqu'un
d'autre dont le nom commence par S. Ssss... non, je ne
sais plus. Une chose encore : pour le Nouvel An, Jaca
m'a offert un bonnet et des gants avec des pompons. Ce
qu'ils sont chou ! Allez, salut !

Dimanche 5 janvier 1992

La sortie au cinéma a été une vraie catastrophe. Un
désastre ! Comme quand on voit Jordan sur NKO TV.

D'abord, le film, c'était pas *Croc-Blanc*, mais *My Brother Aleksa*. Bon, passe encore, mais quelqu'un s'est mis à balancer des boulettes et à cracher du balcon. Et qui se trouvait au balcon et au premier rang ? Zlata Filipović, évidemment. Je m'appellerais autrement si ça avait été quelqu'un d'autre. C'est quand même pas de ma faute si j'étais là où je n'aurais pas dû être !

Lundi 13 janvier 1992

M&M et Nedo viennent de partir. YAWN... dure journée ! Bon, je vais me coucher, il est 23 h 10. Je lis *Le Capitaine de quinze ans* de Jules Verne.

Rien ne change, ma vie dissolue est un cercle vicieux. L'ennui, les livres, les amies, les coups de téléphone, et ça recommence. Bon, maintenant, il faut vraiment que j'aille me coucher. BONNE NUIT ET FAIS DE BEAUX RÊVES !

Mardi 14 janvier 1992

En bâillant, j'ai dévissé mon stylo et je me suis mise à écrire : en même temps, j'ai regardé *TOP GUN* sur Good Vibrations. Maintenant, c'est une autre émission. Je viens de bousiller la dernière page de *Bazar*, le magazine féminin, en téléphonant à maman à son travail.

Je vais te confier un secret. Toutes les nuits, je rêve que je demande un autographe à Michael Jackson ; soit il ne me le donne pas, soit c'est sa secrétaire qui m'en donne un, et alors, je vois les lettres disparaître parce que ce n'est pas Michael Jackson qui a signé. C'est triste, pauvre de moi, de mo-ah ! Ha ! ha ! ha ! il faut rire. Ha ! ha ! ha !

16 h 15. Je suis allée chez Vanja et Andrej (V & A). Ça a râlé un peu car je suis revenue très tard. Mais c'est vrai aussi que le Monopoly, c'est long. Vanja et Andrej tenaient la banque, moi, j'avais tous les billets rouges (les 50 000). En fait, j'avais 12 millions. Et la Place de Genève, et la Côte d'Azur.

Oh, c'est l'heure de Bugs Bunny, il faut que je regarde !

19 h 50. je vais regarder DIAL MTV.

N° 5 Pet Shop Boys avec *Was it Worth it ?*

N° 4 (Je ne m'en souviens plus)

N° 3 Nirvana

N° 2 Guns'n Roses

N° 1 New Kids on the Block

Jeudi 16 janvier 1992

Je me suis levée tard. Maman ne se sent pas très bien. Elle n'est pas allée travailler. Safija (la femme de ménage) est là. J'en ai marre, quand est-ce que je remonterai à la Jahorina ? !

22 h 55. Je suis au lit. Mais pas dans MON lit. Eh non, c'est comme ça... Tralalalala ! Je suis à la Jahorina ! Depuis sept jours déjà. Je suis couchée à côté d'Oga. J'écoute le bourdonnement d'une mouche fatiguée, le ronflement du poêle, et je papote avec Oga. On se dit qu'on a l'impression d'avoir toujours été ensemble, ici, dans ce lit, dans cette chambre, à la Jahorina.

Cela fait longtemps que je ne t'ai rien confié, mon Journal. Sitôt arrivée, j'ai été débordée, le ski, la luge dans le noir, les descentes sur la piste de Boža, le bonhomme de neige et les châteaux qu'on a construits. Tout le monde est là — Oga, Branko, Svjetlana, Nenad, Bojan, Boris, Mirela, Anela et évidemment, moi. Je n'ai tout simplement pas eu de temps pour toi. Mais tu m'excuseras, je le sais bien. Et je te promets de te faire signe plus régulièrement.

Je viens de discuter avec Oga pour savoir quelle piste on fera demain : Ogorjelica I, Ogorjelica II, Šator, celle des remonte-pentes... Bonjour, le choix ! Vivement demain.

I AM HAPPY !

Je suis malade. J'ai mal à la gorge. De la fièvre. Je suis brûlante. Ma température a légèrement baissé, mais je tousse affreusement.

Ciao !

Mardi 28 janvier 1992

Aujourd'hui, je vais mieux. Avec les antibiotiques, ça ira. Boris est malade à son tour, et Oga se plaint de la gorge. Je ne t'ai pas dit que c'est Svjetlana qui nous a rapporté la grippe de Sarajevo. Elle est allée chez le dentiste et c'est là qu'elle l'a « chopée ». La voilà maintenant à la Jahorina. Elle a été la première à tomber malade, puis ça a été moi, puis Boris, et maintenant, peut-être Oga. Cette maudite grippe a tout flanqué par terre. Tant pis.

Dimanche 2 février 1992

Hier, nous sommes rentrés de la Jahorina. Moi, ça va, mais voilà que maman est malade. Elle a de la fièvre et elle tousse. Papa aussi a de la fièvre. Moi, je tousse seulement. C'est l'épidémie.

Mardi 4 février 1992

Les cours ont repris à l'école. Et les autres aussi... Je suis retournée à l'école de musique. C'était bien.

Je ne t'ai pas dit, j'ai un cahier où je colle des photos de mannequins. J'ai celles de Linda Evangelista, Claudia Schiffer, Cindy Crawford, Yasmina Gauerie.

Papa est guéri, mais maman est toujours malade. Elle n'arrive pas à se remettre. On dirait qu'elle a une pneumonie. Elle ne travaille pas, elle est en congé maladie. Elle consulte les médecins.

Je poursuis mes activités — l'école, la musique, l'école, j'apprends, je joue de la musique, et je prie Dieu pour que maman guérisse et que nous puissions remonter à la Jahorina. Cette fichue grippe a tout gâché.

Jeudi 5 mars 1992

Mon Dieu ! Ça couvait à Sarajevo. Dimanche (le 1er mars), un petit groupe de civils armés (d'après la télé) a tué un invité lors d'un mariage et blessé un prêtre. Lundi (le 2 mars) il y avait des barricades partout dans la ville. Il y en avait mille ! Nous n'avions pas de pain. A 18 heures, les gens en ont eu assez de rester sans savoir et ils sont sortis dans les rues. Ils sont partis de la cathédrale en cortège. Ils sont passés devant l'Assemblée. Ils ont fait le tour de la ville. Près de la caserne Maréchal Tito, il y a eu quelques blessés. Les gens chantaient et criaient « Bosnie, Bosnie », « Sarajevo, Sarajevo », « Nous vivrons ensemble » et « Sortez donc ! ». Zdravko Grebo[1] a dit à la radio que l'histoire était en train de s'écrire.

---

1. Professeur à la faculté de droit de Sarajevo, directeur de la station de radio indépendante Zid.

Vers 20 heures, on a entendu tinter une cloche de tramway. Le premier tramway à traverser la ville. Il ramenait la vie, et les gens sont tous sortis dans les rues avec l'espoir que ce genre de choses ne se produirait plus. Nous nous sommes joints nous aussi à cette marche pacifique. Quand nous sommes rentrés, nous avons dormi l'esprit tranquille. Le lendemain, c'était comme d'habitude. L'école, la musique... Mais le soir, nous avons appris que trois mille tchetniks[1] arrivaient de Pale[2] pour attaquer Sarajevo et, en premier lieu, la Baščaršija[3]. Tante Melica a dit que de nouvelles barricades avaient été dressées devant sa maison et que cette nuit, ils ne dormiraient pas chez eux. Ils sont partis chez le vieux Nedjad. Par la suite, une foule s'est assemblée devant Yutel[4]. Radovan Karadžić[5] et Alija Izetbegović[6] ont pris la parole et se sont disputés. Goran Milić[7] s'est alors mis en colère et les a forcés tous les deux à rencontrer un certain général Kukanjac[8].

Il est formidable, ce Milić ! Bravo ! ! !

Mercredi (le 4 mars), les barricades ont été enlevées,

---

1. En Bosnie-Herzégovine et en Croatie, ce nom désigne aujourd'hui tous les combattants nationalistes serbes.

2. Ville non loin de Sarajevo, sous le contrôle des Serbes.

3. Le vieux quartier turc de Sarajevo.

4. Chaîne de télévision « yougoslave » (Yutel : télévision yougoslave) et critiquée à ce titre par les séparatistes.

5. Leader de la communauté des Serbes de Bosnie-Herzégovine.

6. Président de la Bosnie-Herzégovine agissant pour le maintien d'une Bosnie-Herzégovine multiethnique.

7. Célèbre journaliste, fondateur de la chaîne de télévision Yutel.

8. Commandant des forces armées yougoslaves stationnées en Bosnie-Herzégovine au début de la guerre.

et ces « chers bambins[1] » se sont mis d'accord. C'est formidable, non ? !

Le même jour, le prof de dessin avait apporté une peinture pour qu'on l'offre au professeur responsable de la classe (à l'occasion du 8 mars[2]). On la lui a remise, mais elle nous a demandé de rentrer chez nous. Il y avait à nouveau des problèmes. Ça a été la panique. Les filles se sont mises à hurler tandis que les garçons clignaient des paupières en silence. Papa aussi est rentré plus tôt. Tout s'est pourtant bien terminé. Que d'émotions !

Vendredi 6 mars 1992

La vie reprend son cours normal.

Mardi 24 mars 1992

A Sarajevo, il n'y a plus de grabuge. Mais il y en a dans les autres régions de la Bosnie-Herzégovine : à Bosanski Brod, Derventa, Modriča. D'où qu'elles viennent, les nouvelles et les images sont terribles. Papa et maman ne veulent pas que je regarde la télé quand ce sont les informations, mais on ne peut pas nous cacher à nous,

---

1. Sobriquet que les gens donnent aux hommes politiques. (Note de Zlata.)
2. Journée internationale de la femme, célébrée avec importance dans les pays de l'Est.

les enfants, toutes les horreurs qui se passent. C'est à nouveau l'inquiétude et la tristesse. Les Casques bleus (ou plus exactement les Bérets bleus) viennent d'arriver à Sarajevo. Maintenant, nous sommes plus rassurés. Les « chers bambins » se sont retirés du devant de la scène.

Papa m'a emmenée en voiture jusqu'au quartier général des forces de l'ONU. Il m'a dit que nous pouvions espérer, maintenant que le drapeau bleu flotte sur Sarajevo.

Lundi 30 mars 1992

Dis donc, mon Journal, tu sais à quoi j'ai pensé ? Anne Frank avait bien appelé son Journal Kitty, pourquoi je ne te trouverais pas un nom ? Voyons voir...

ASFALTINA	PIDŽAMETA
ŠEFIKA	HIKMETA
ŠEVALA	MIMMY[1]

ou alors autre chose ?...

Je cherche, je cherche...

J'ai choisi ! Tu vas t'appeler...

MIMMY

Allez, on commence.

---

1. A l'exception de Mimmy, les noms avancés par Zlata ont tous une signification et peuvent se traduire par : la fille de l'asphalte (Asfaltina), la vieille fille (Šefika), le grand cheval (Ševala), la fille en pyjama (Pidžameta), sagesse (Hikmeta).

Dear Mimmy,

A l'école, c'est bientôt la fin du trimestre. Tout le monde se prépare pour les interros. Demain, paraît-il, on devrait aller à un concert à Skenderija[1]. Notre prof responsable nous a conseillé de ne pas y aller car il y aurait déjà dix mille personnes — pardon, dix mille enfants — et l'on risquait d'être pris en otages ou de recevoir des bombes (?.!). Maman a dit non. Alors, je n'irai pas.

Oh, non, c'est pas vrai !... Tu sais qui a gagné le concours Yougovision ? EXTRA NENA[2] !!!

Tiens, j'ai peur de te confier ce que Tante Melica a raconté : chez le coiffeur, elle a entendu dire que le samedi 4 avril 1992, BOUM-BOUM, PAN-PAN, BANG Sarajevo. Je traduis : ils vont bombarder Sarajevo.

Je t'aime,
Zlata.

Vendredi 3 avril 1992

Dear Mimmy,

Maman travaille. Papa est à une audience à Zenica[3]. Je suis rentrée de l'école et je suis pensive. Aujourd'hui, Azra part en Autriche. Elle a peur de la guerre, OUARF ! OUARF ! OUARF! mais je pense quand même à ce que Tante Melica a entendu chez la coiffeuse. Qu'est-ce que je vais

---

1. Quartier de Sarajevo.
2. Chanteuse folk serbe.
3. Ville proche de Sarajevo.

faire si Sarajevo est bombardée ? Safija est là, et j'écoute Radio-M. Je me sens plus rassurée.

Maman dit que ce que Tante Melica a entendu chez le coiffeur, c'est de la désinformation. Pourvu qu'elle ait raison !

Papa est rentré de Zenica. Il est tout retourné car il dit que c'est effroyable le monde qu'il a vu à la gare et à la gare routière. Les gens fuient Sarajevo. Des scènes pénibles. Ce sont des victimes de la désinformation. Les mères partent avec les enfants, les pères restent. Ou alors, les enfants s'en vont, et les parents restent. Tout le monde pleure. Papa dit qu'il aurait préféré ne jamais voir ça.

Mimmy, je t'aime,
Zlata.

Samedi 4 avril 1992

Dear Mimmy,

Aujourd'hui, c'est le Baïram (une grande fête musulmane). Il n'y a pas grand monde dans la rue. La peur sûrement, à cause des histoires de bombardement. Sarajevo n'a pas été bombardée. On dirait que maman avait raison pour la désinformation. Merci, mon Dieu !

Je t'aime,
Zlata.

Dimanche 5 avril 1992

Dear Mimmy,

J'essaie de me concentrer sur mes devoirs (un livre à lire), mais je n'y arrive absolument pas. Il se passe quelque chose en ville. On entend tirer des collines. Des colonnes de gens arrivent de Dobrinja[1]. Pour essayer d'arrêter quelque chose — quoi, ils ne le savent pas eux-mêmes. Disons simplement que l'on sent que quelque chose va se passer, se passe déjà, un terrible malheur. A la télé, on voit des gens devant l'Assemblée nationale. A la radio, on passe en permanence la chanson *Sarajevo, mon amour*. Tout ça, c'est bien beau, mais j'ai tout le temps comme des crampes d'estomac et je n'arrive plus à me concentrer sur mon travail.

Mimmy, j'ai peur de la GUERRE !

Zlata.

Lundi 6 avril 1992

Dear Mimmy,

Hier, les gens massés devant l'Assemblée ont tenté pacifiquement de traverser la Miljačka[2] par le pont Vrbanja. Ils se sont fait tirer dessus. Par qui, comment et — pourquoi ? ! Une fille, une étudiante en médecine

---

1. Quartier récent de Sarajevo, proche de l'aéroport. Encerclé par les Serbes, cet ancien quartier résidentiel est devenu un symbole de la résistance à Sarajevo.
2. Rivière traversant Sarajevo.

de Dubrovnik, a été TUÉE. Son sang a coulé sur le pont. Au dernier moment, elle a dit, simplement : « On est vraiment à Sarajevo, ici ? » C'est HORRIBLE, HORRIBLE, HORRIBLE !

ICI, PERSONNE N'EST NORMAL, RIEN N'EST NORMAL.

La Baščaršija est détruite. Les « Seigneurs[1] » de Pale ont tiré sur la Baščaršija.

Depuis hier, le peuple est à l'Assemblée nationale. Certains ont dû rester dehors, devant l'Assemblée. Nous avons installé mon poste de télé dans le salon ; comme ça, je peux regarder la première chaîne sur un poste, et Good Vibrations sur l'autre. De l'Holiday Inn, on tue les gens devant l'Assemblée. Et Bokica qui est là-bas avec Vanja et Andrej ! QUEL MALHEUR !

Peut-être que nous allons descendre à la cave. Mimmy, je t'emmènerai sûrement. Je suis désespérée. Les gens devant l'Assemblée également. Mimmy, la guerre est là. PEACE NOW !

Il paraît qu'ils vont attaquer Télé-Sarajevo. Ils ne l'ont pas fait encore. De notre côté, ça ne tire plus (Je touche du bois pour que ça ne recommence pas. Très fort. Le plus fort possible). Oh, non !... Les coups de feu, ça recommence ! !

Zlata.

---

1. Zlata désigne ainsi les combattants serbes.

Dear Mimmy,

Je ne vais pas à l'école. Aucune des écoles de Sarajevo n'est ouverte. Le danger plane au-dessus des collines qui nous entourent. J'ai pourtant l'impression que le calme revient lentement. On n'entend plus les fortes explosions d'obus ni les détonations. Juste une rafale, puis le silence se refait très vite. Papa ct maman vont travailler. Ils achètent à manger en grandes quantités. Mon Dieu, je vous en supplie, faites que ça n'arrive pas.

La tension reste très grande. Maman se désespère, papa tente de la rassurer. Maman téléphone beaucoup. On l'appelle, ou alors, c'est elle qui appelle. La ligne est tout le temps occupée.

Zlata.

Dear Mimmy,

Les obus pleuvent sur les nouveaux quartiers de la ville — Dobrinja, Mojmilo, Vojničko polje. Tout est détruit ou brûlé, les habitants sont dans des abris. Ici, dans le centre ville, il ne se passe rien. Tout est calme. Les gens sortent dans la rue. Aujourd'hui, il a fait chaud, une belle journée de printemps. Nous sommes sortis, nous aussi. La rue Vasa Miskin était pleine de monde, d'enfants. On aurait cru un défilé pour la paix. Les gens sont sortis pour se rencontrer, ils ne veulent pas la guerre. Ils veulent vivre et s'amuser comme ils l'ont toujours fait. Est-ce que ça n'est pas normal ? Qui peut aimer et souhaiter la guerre ?

Il n'y a rien de plus horrible.

Je repense à ce défilé auquel je me suis jointe, moi aussi. C'était plus grand, plus fort que la guerre. C'est pour cela que les gens vaincront. Ce sont eux qui doivent vaincre, pas la guerre, car la guerre n'a rien d'humain. La guerre est quelque chose d'étranger à l'homme.

Zlata.

Mardi 14 avril 1992

Dear Mimmy,

Les gens quittent Sarajevo. L'aéroport, la gare, la gare routière sont noirs de monde. J'ai vu des adieux déchirants à la télé. Des familles, des amis se séparent. Certains partent, d'autres restent. C'est triste à pleurer. Tous ces gens, tous ces enfants — des innocents. Tôt ce matin, Keka et Braco sont venus chez nous. Ils ont chuchoté avec papa et maman dans la cuisine. Keka et maman étaient en larmes. J'ai l'impression qu'ils ne savent pas quoi faire — rester ou partir. L'un ou l'autre, ce n'est pas une solution.

Zlata.

Dear Mimmy,

Ça bombarde terriblement à Mojmilo. Du coup, Mirna a dû rester dans un abri quarante-huit heures d'affilée. Je lui ai parlé au téléphone, mais peu de temps, car il a fallu qu'elle redescende dans son abri. La pauvre.

Bojana et Verica sont parties en Angleterre. Oga va partir en Italie. Mais le pire de tout, c'est que Martina et Matej sont, eux, déjà partis. A Ohrid[1]. Keka pleure, Braco pleure, et maman pleure aussi. En ce moment, elle parle à quelqu'un au téléphone, et elle est en pleurs. Et les « autres » dans les collines continuent à nous tirer dessus. Je viens d'apprendre que Dejan aussi est parti.

Quel malheur !... Pourquoi il y a la guerre ? ! !

Zlata, qui t'aime.

Dear Mimmy,

Martina, Matej, Dejan — personne n'est parti. Ça n'a pas de sens. En fait, si, ça en a. Ils n'ont pas pu partir. Et puis non, ça n'en a pas : ici, tout le monde pleurait en les croyant partis, et ils ne sont pas partis. Il n'y a pas assez de bus, de trains, ni d'avions avec tous les gens qui veulent fuir Sarajevo.

Zlata, qui t'aime.

---

1. Ville de Macédoine sur le lac du même nom.

Dear Mimmy,

Ça bombarde, les obus tombent. C'est vraiment la GUERRE. Papa et maman sont très inquiets ; hier soir, ils ont veillé tard, ils sont restés longtemps à parler. Ils cherchent ce qu'il faut faire, mais c'est difficile d'être raisonnable. Est-ce qu'il faut partir et nous séparer, ou rester ici, tous ensemble ? Keka veut m'emmener à Ohrid. Ce dilemme déchire maman qui n'arrête pas de pleurer, même si elle essaie de ne pas me le montrer. Mais je vois tout. Je vois bien que ça va mal ici. La paix, c'est terminé. La guerre est subitement entrée dans notre ville, dans notre maison, dans nos têtes, dans nos vies. C'est horrible. Tout aussi horrible que de voir maman préparer ma valise.

Zlata, qui t'aime.

Dear Mimmy,

La guerre a l'air de tout, sauf d'une plaisanterie. Elle détruit, tue, incendie, sépare, apporte le malheur. Aujourd'hui, une pluie d'obus est tombée sur la Baščaršija, la vieille ville de Sarajevo. Des explosions terrifiantes. Nous sommes descendus à la cave — il y fait froid, tout noir, c'est lugubre. Est-ce que c'est vraiment notre cave, je n'en suis même pas sûre. On était tous les trois, papa, maman et moi, à se blottir dans un coin où on avait l'impression d'être en sécurité. Dans le noir, aux côtés de papa et de maman et dans la chaleur de leur corps, j'ai pensé à quitter Sarajevo. (Comme tout le monde.) Mais partir seule, abandonner papa et maman, grand-père et grand-mère, je ne pourrais pas le supporter. Et partir seulement avec maman, ça ne serait pas bien non plus. Le mieux serait de partir tous les trois. Mais papa ne pourrait sans doute pas. Alors, j'ai décidé qu'on allait rester ensemble. Demain, je dirai à Keka qu'il faut être courageux, qu'il faut rester avec ceux qu'on aime et qui nous aiment. Je ne veux pas abandonner papa et maman, et par contre, laisser papa tout seul ici ne me plaît pas non plus.

Ta Zlata.

Mardi 21 avril 1992

Dear Mimmy,

Aujourd'hui à Sarajevo, c'est affreux. Les obus tombent, des grands, des enfants se font tuer, ça tire de tous les côtés. On va sûrement devoir passer la nuit à la cave. Comme on n'y est pas vraiment en sécurité, on va dans celle des Bobar, des voisins. Il y a la grand-mère Mira, la tante Boda, l'oncle Žika (son mari), Maja et Bojana. Quand les combats éclatent, Žika nous téléphone ; on traverse la cour au pas de course, on grimpe sur une échelle pour redescendre sur une table puis s'engouffrer sous le portail de leur maison et arriver enfin à leur porte. Jusque-là, on traversait la rue, mais depuis que ça tire, c'est dangereux. Je prépare mon sac pour descendre à la cave : j'y ai mis des petits gâteaux, du jus de fruits, un jeu de cartes et aussi quelques cakes. Ils continuent de tirer au canon, où à quelque chose du même genre.

Zlata, qui t'aime.

Mercredi 22 avril 1992

Dear Mimmy,

On a passé toute la nuit chez les Bobar. On est partis hier soir vers 21 h 30 et rentrés ce matin vers 10 h 30. J'ai dormi de 4 heures à 9 h 30. Pendant la nuit, ça cognait dur et tout tremblait.

Zlata.

Dimanche 26 avril 1992

Dear Mimmy,

La nuit d'après, on l'a passée aussi chez les Bobar. Et le jour suivant, l'électricité était coupée. Nous n'avions pas de pain, et, pour la première fois de sa vie, maman s'est mise à pétrir de la pâte. Elle avait peur du résultat. Ça a donné du pain — et du bon. C'est ce jour-là que je devais partir à Ohrid avec M&M. Si moi, je ne suis pas partie, eux non plus — Dieu merci. Ciao !

Ta Zlata.

Mardi 28 avril 1992

Dear Mimmy,

BOUH !... Martina... BOUH ! et Matej... BOUH ! sont partis HIIIER !... Ils ont pris le car pour Krško (en Slovénie). Keka les a emmenés. Oga aussi est partie, et Dejan ; demain ou après-demain, ce sera le tour de Mirna ; et bientôt, celui de Marijana.

BOUH !

Ils partent tous. Je me retrouve sans amis.

Zlata.

Mercredi 29 avril 1992

Dear Mimmy,

Si je pouvais, je te parlerais beaucoup plus de la guerre, mais je préfère tout simplement ne pas me rappeler tous ces événements horribles. Ça m'écœure. Je t'en supplie, ne te fâche pas. Je t'écrirai un petit quelque chose quand même.

Je t'aime,
Zlata.

Dear Mimmy,

Cette journée à Sarajevo a été pire encore que les pires journées que nous avions connues jusqu'ici. Les combats ont éclaté vers midi. Maman et moi, on s'est mises à l'abri dans le couloir. A ce moment-là, papa se trouvait dans son cabinet, en dessous de notre appartement. Par l'Interphone, nous lui avons dit de vite se réfugier sous le portail. Puis toutes les deux, on est descendues l'y rejoindre. En emmenant Cicko (le canari). Comme ça bombardait de plus en plus, nous n'avons pas pu escalader le mur pour aller chez les Bobar et nous nous sommes dépêchés de descendre dans notre cave.

Notre cave est laide, toute noire, et elle pue. Maman, qui a une peur bleue des souris, a deux angoisses à surmonter. Tous les trois, nous nous sommes mis dans le même coin que l'autre fois. Nous avons entendu des obus exploser, des tirs, ça grondait au-dessus de nous. On a même entendu des avions. A un moment, j'ai compris que cette horrible cave était notre seule chance d'avoir la vie sauve. J'ai même commencé à la trouver chaude et belle. Elle seule peut nous protéger de ces terribles combats. Nous avons entendu les vitres se briser dans notre rue. C'est effroyable. Je me suis enfoncé les doigts dans les oreilles pour moins entendre ces bruits effrayants. J'ai eu peur pour Cicko ; on l'avait laissé sous le portail. Je craignais qu'il attrape froid ; ou qu'il lui arrive quelque chose. Je mourais de faim et de soif, et notre déjeuner était là-haut, dans la cuisine, à moitié prêt.

Quand les combats ont commencé à diminuer, papa est remonté chez nous quatre à quatre pour rapporter des sandwichs. Il nous a dit que ça sentait le brûlé et que le téléphone était coupé. Il avait descendu le poste de télé. Nous avons alors appris que la poste centrale (qui se trouve pas loin de chez nous) était en flammes et que l'on avait kidnappé le Président. Vers 20 heures, nous sommes remontés. Dans notre rue il n'y avait pratiquement plus une vitre aux fenêtres. Mais pas chez nous. Dieu merci. J'ai vu la poste qui brûlait. Un spectacle terrifiant. Les pompiers se démenaient, l'incendie faisait rage. Papa a pris quelques photos de la poste qui disparaît dans les flammes. Il a dit que les photos seraient ratées car j'ai tripoté quelque chose à l'appareil. Je suis désolée. Tout l'appartement sent le brûlé. Mon Dieu, dire que je passais devant la poste tous les jours ! On avait refait la façade. Elle était gigantesque, et belle, et maintenant, les flammes la dévorent. Elle disparaît. Dear Mimmy, à voir ce qui se passe ici, qu'est-ce que ça doit être dans les autres quartiers de la ville ? J'ai entendu à la radio que du côté de Vječna, c'était l'enfer à cause des incendies. On y a du verre jusqu'aux genoux. Nous nous faisons du souci pour grand-père et grand-mère. Ils habitent là-bas. Demain, s'il est possible de sortir, nous irons voir. Une journée effroyable. Le jour le plus noir, le plus terrible des onze années que j'ai vécues. J'espère qu'il n'y en aura pas d'autres.

Papa et maman sont on ne peut plus énervés. Je dois aller me coucher. Ciao !

Zlata.

Dear Mimmy,

Papa a pu traverser le pont sur la Miljačka à toute allure et aller voir grand-père et grand-mère. Il a fait la route au pas de course et il est revenu complètement hors d'haleine et trempé de sueur (la peur et le chagrin). Grand-père et grand-mère, Dieu merci, vont bien. La rue du Maréchal-Tito a l'air sinistre. Des tas d'obus y sont tombés, détruisant les vitrines, les voitures, les maisons, les façades, les toits. Par bonheur, il y a eu peu de victimes car les gens avaient pu se mettre à l'abri. Neda (l'amie de maman) a accouru jusqu'ici pour voir comment nous allions et pour nous dire qu'eux étaient tous sains et saufs. Mais ça a été épouvantable.

Nous avons parlé avec la tante Boda et Bojana, d'une fenêtre à l'autre. Hier, elles se trouvaient dans la rue quand ça a commencé à tirer si fort. Elles ont réussi à trouver refuge dans la cave de Stela.

Zlata.

Dear Mimmy,

On dirait que ça se calme. Maintenant ils ont causé suffisamment de malheurs ; lesquels, je l'ignore. Tout ça, c'est de la politique, et j'espère que ces « chers bambins » vont s'entendre. Oui, pourvu qu'ils s'entendent, pour que nous puissions à nouveau vivre et respirer comme tout le monde. Ce qui nous arrive est horrible. Je veux que ça cesse, à tout jamais. PEACE ! PEACE !

Je ne t'ai pas dit, Mimmy, on a changé la disposition de notre appartement. Ma chambre et celle de papa et maman sont dangereuses. Elles donnent sur les collines, et c'est de là qu'on tire. Tu ne peux pas savoir la frousse que j'ai de passer devant les fenêtres. Dans un coin du salon, bien à l'abri, nous avons installé la « chambre ». Nous dormons par terre, sur des matelas de yoga. C'est très bizarre, et c'est laid. Mais c'est plus sûr. Nous avons tout chamboulé pour des raisons de sécurité. Cicko a été déménagé dans la cuisine. Lui aussi est à l'abri maintenant même si, pendant les bombardements, on n'est à l'abri nulle part, sauf dans la cave. Bon, tout ça va bien s'arrêter un jour, et on pourra remettre l'appartement en ordre. Ciao !

Zlata.

Jeudi 7 mai 1992

Dear Mimmy,

J'étais presque sûre que la guerre allait s'arrêter, et aujourd'hui... Aujourd'hui, on a tiré un obus ou une bombe dans le parc juste à côté de la maison. Le parc où je jouais, où l'on se retrouvait pour s'amuser avec les copines. Il y a eu des tas de blessés. De ceux que je connais, il y a Jaca, sa mère, Selma, Nina, Dado, notre voisin, et je ne sais combien de gens qui passaient par là par hasard. Dado, Jaca et sa mère sont rentrés de l'hôpital. Quant à Selma, on a dû lui enlever un rein, et je ne sais pas comment elle va car elle est toujours à l'hôpital. NINA, ELLE, EST MORTE. Un éclat lui a fracassé le crâne. Et elle est morte. Une petite fille si gentille. On était ensemble à la garderie, et au parc, on jouait souvent toutes les deux. Nina, je ne la reverrai jamais plus — non, ce n'est pas possible. Nina — onze ans — victime innocente d'une guerre stupide. Je suis triste. Je pleure. Je ne comprends pas pourquoi elle est morte. Elle n'avait strictement rien fait. Une guerre dégoûtante a tué une petite vie d'enfant. Nina, je me souviendrai toujours de toi comme d'une petite fille merveilleuse.

Mimmy, je t'aime.

Zlata.

Mercredi 13 mai 1992

Dear Mimmy,

La vie continue. Le passé est cruel, et c'est justement pour cela qu'il faut l'oublier.

Le présent est tout aussi cruel, et je ne peux pas l'oublier. La guerre ne plaisante pas. Mon présent, ma réalité, c'est la cave, la peur, les obus, les flammes.

Avant-hier soir, il y a eu un terrible bombardement. De peur d'être touchés par des éclats ou par des balles, nous nous sommes précipités chez les Bobar. On a passé toute la nuit, toute la journée d'hier, et toute la nuit dernière soit dans la cave, soit dans l'appartement de Nedo (Nedo est réfugié de Grbavica[1]. Il a laissé là-bas

---

1. Quartier de Sarajevo.

ses parents et il habite l'appartement de sa sœur, qui, elle, est partie). Nous avons vu des scènes atroces à la télé. La ville est en ruine, en feu, les gens meurent, les grands et les enfants. C'est incroyable.

Le téléphone est coupé, nous ne savons rien de grand-père et de grand-mère, de Tante Melica, de tous les gens dans les autres quartiers de la ville. A la télé, nous avons vu l'incendie qui ravage Vodoprivreda[1], l'usine de maman qui se trouve sur le territoire de l'agresseur (à Grbavica). Maman pleurait. Elle fait de la dépression. Des années d'efforts, de travail parties en fumée. C'est vraiment terrible. Aux environs de Vodoprivreda, des voitures étaient en flammes, des gens mouraient sans que personne puisse les secourir. Mon Dieu, pourquoi tout cela ? ! JE SUIS TELLEMENT FOLLE DE RAGE QUE J'AI ENVIE DE HURLER ET DE TOUT DÉMOLIR !

Ta Zlata.

Jeudi 14 mai 1992

Dear Mimmy,

Les obus tombent autour de nous. Papa a réussi à courir chez grand-père et grand-mère voir comment ils vont, comment ils ont supporté la folie de ces derniers jours. Ils vont bien, Dieu merci. Tante Melica et les siens également, et grand-mère a appris par Vika que Meda et Bojan (ma tante et mon cousin) eux aussi vont bien.

Ce qui se passe aux alentours de la caserne Maréchal

---

1. La compagnie des eaux.

Tito est terrible. Et dans les nouveaux quartiers de la ville aussi. Près du bâtiment d'Elektroprivreda[1], près de RTV, on se croirait dans une maison de fous. Je ne peux plus regarder la télé. C'est insupportable. Le seul endroit tranquille semble être Otes[2]. Braco, le frère de maman, y habite avec sa famille. Ils ont de la veine, là-bas ça ne tire pas.

Zlata.

Dimanche 17 mai 1992

Dear Mimmy,

Plus de doute maintenant : l'école, c'est fini. La guerre a voulu que les cours s'arrêtent, que les écoles ferment, que les enfants aillent dans les caves plutôt que dans les écoles. On va reporter les notes du trimestre dernier dans nos carnets. Je vais recevoir le mien, il y aura écrit que je suis admise en classe supérieure.

Ciao !
Zlata.

---

1. La compagnie d'électricité.
2. Quartier de la périphérie de Sarajevo.

Dear Mimmy,

Ça bombarde moins. Aujourd'hui, maman a pris son courage à deux mains et, à son tour, elle a traversé le pont. Elle est allée chez grand-père et grand-mère. Elle y a rencontré des gens qu'elle ne connaissait pas et appris quantité de tristes nouvelles. Elle est revenue désespérée. Son frère a été blessé le 14 mai en rentrant de son travail en voiture. Le 14 mai, et elle ne l'a su qu'aujourd'hui — c'est terrible. Il a été blessé à la jambe et il est à l'hôpital. Comment aller là-bas ? L'hôpital, aujourd'hui, c'est le bout du monde. On a bien dit à maman que son frère allait bien, mais elle n'en croit rien et elle pleure. Si au moins ça ne tirait plus, elle pourrait aller là-bas. « Je ne le croirai que quand je l'aurai vu », nous a-t-elle dit.

Zlata.

Jeudi 21 mai 1992

Dear Mimmy,

Aujourd'hui, maman est allée au chevet d'Oncle Braco. Il est vivant. C'est l'essentiel. Mais il est gravement blessé. Au genou. Le même jour que lui, deux cents blessés ont été amenés à la clinique. On prévoyait de l'amputer, mais le docteur Adnan Dizdar (qui est chirurgien), son ami, l'a reconnu ; il a écarté l'idée d'amputation, et il l'a emmené en salle d'opération. Ça a duré quatre heures et demie, et les médecins disent que l'opération a réussi. Seulement, il faudra qu'il reste longtemps, très longtemps couché. Il a des broches, un plâtre, et toutes sortes de machins à la jambe. Maman se fait beaucoup de souci, et elle est triste. Grand-père et grand-mère aussi (à ce que dit maman, car je ne les ai plus vus depuis le 12 avril, la dernière fois où je suis sortie de la maison). Oncle Braco a eu de la chance dans son malheur. J'espère qu'il s'en sortira bien. Tiens bon, Oncle Braco !!!

Ta Zlata.

Samedi 23 mai 1992

Dear Mimmy,

Je ne te parle jamais plus de moi. Je te parle de guerre, de mort, de blessures, d'obus, de tristesse et de chagrin. Mes amis sont presque tous partis. Mais même s'ils étaient là, qui sait si nous pourrions nous voir ? Le téléphone ne marche pas, on ne pourrait même pas se parler. Vanja et Andrej sont partis eux aussi ; à Dubrovnik, chez Srdjan. Là-bas, la guerre a cessé. Tant mieux pour eux. Cette guerre à Dubrovnik me rendait si malheureuse. Jamais, même en rêve, je n'aurais pensé qu'elle arriverait jusqu'ici, qu'elle s'établirait à Sarajevo. Verica et Bojana, elles aussi, sont parties.

Je suis tout le temps avec Bojana et Maja Bobar. Ce sont mes meilleures amies maintenant. Bojana a un an et demi de plus que moi, elle a fini sa quatrième, et nous avons beaucoup de points communs. Maja est en terminale. Elle est bien plus vieille que moi, mais elle est formidable. Heureusement que je les ai toutes les deux, sinon je me retrouverais toute seule au milieu des « grands ».

Aux informations, on a annoncé la mort de Silva Rizvanbegović, une femme-médecin du service d'urgence qui était aussi une amie de maman. Elle se trouvait dans une ambulance. Ils transportaient un blessé, pour lui donner des soins. Un tas de gens que papa et maman connaissaient sont morts. Mais mon Dieu, qu'est-ce qui se passe ? ! !

Zlata, qui t'aime.

Lundi 25 mai 1992

Dear Mimmy,

La Zetra a brûlé. Le village olympique. Le monde entier connaissait cette merveille, et la voilà qui disparaît dans les flammes. Les pompiers ont essayé de la sauver, notre Žika leur a donné un coup de main. Mais ils n'y sont pas parvenus. Les forces de la guerre ignorent l'amour et la volonté de sauver des choses. Elles détruisent, elles incendient, elles emportent. Elles ont voulu la disparition de la Zetra. Je suis triste, Mimmy.

J'ai l'impression qu'ici, il ne restera plus rien, plus personne de vivant.

Ta Zlata.

Dear Mimmy,

Je pense sans arrêt à Mirna. Le 13 mai, c'était son anniversaire. Ce que j'aurais aimé la revoir ! Je demande toujours à papa et à maman de m'emmener chez ses grands-parents où elle habite maintenant avec son père, et sa mère. Leur maison de Mojmilo a été bombardée, et il a fallu l'abattre.

Ça ne bombarde plus ces jours-ci, le calme règne. J'ai demandé à papa de m'emmener chez Mirna car je lui avais préparé un petit cadeau pour son anniversaire. Je suis très impatiente de la revoir. Elle me manque.

J'étais tellement triste que papa s'est décidé à m'emmener chez Mirna. Nous y sommes allés, mais leur portail était fermé à clé. Nous n'avons pas réussi à nous faire entendre, et je suis rentrée bien déçue. Le cadeau attendra, et moi aussi. On se reverra bien.

Zlata, qui t'aime.

Dear Mimmy,

UN CARNAGE ! UN MASSACRE ! UNE HORREUR ! UNE ABOMINATION ! LE SANG ! LES HURLEMENTS ! LES PLEURS ! LE DÉSESPOIR !

Voilà la rue Vasa Miskin aujourd'hui. Deux obus y sont tombés, et un autre sur le marché. Au même instant, maman se trouvait dans les parages. Elle a vite couru se réfugier chez grand-père et grand-mère. Papa et moi, on devenait fous en ne voyant pas rentrer maman. A la télé, j'ai vu de ces choses, et je n'arrive pas à croire que je les ai réellement vues. C'est invraisemblable. J'avais la gorge nouée, l'estomac me faisait mal. L'EFFROI. On transportait les blessés à l'hôpital. Un asile. Nous étions sans arrêt le nez à la fenêtre dans l'espoir d'apercevoir maman, mais rien. Elle ne revenait pas. On a communiqué la liste des victimes et des blessés. Rien à propos de maman. Papa et moi, nous étions au désespoir. Maman était-elle en vie ? A 16 heures, papa a décidé de se rendre à l'hôpital, à sa recherche. Il s'est habillé pour partir, et moi, je m'en allais chez les Bobar pour ne pas rester seule à la maison. Une dernière fois, j'ai regardé par la fenêtre et... J'AI VU MAMAN QUI TRAVERSAIT LE PONT EN COURANT ! Une fois dans l'appartement, elle s'est mise à trembler et elle a éclaté en sanglots. A travers ses larmes, elle a dit avoir vu des gens déchiquetés. Tous les voisins sont alors arrivés, tellement ils s'étaient inquiétés pour elle. Merci, mon Dieu, maman est avec nous. Merci, mon Dieu.

UNE JOURNÉE EFFROYABLE. IMPOSSIBLE À OUBLIER.

L'HORREUR ! L'HORREUR !

Ta Zlata.

Jeudi 28 mai 1992

Dear Mimmy,

Vers 22 heures, ça a commencé à craquer de tous les côtés. Nous sommes allés chez Nedo. J'ai attendu que Saša s'endorme et je suis sortie de sa chambre. J'ai regardé du côté des W.-C. et alors... CLING ! La vitre de la petite fenêtre des W.-C. venait de se casser. Je me trouvais seule dans le couloir et j'ai tout vu. Je me suis mise à pleurer, une crise d'hystérie. Nous sommes alors descendus à la cave. Quand le calme est revenu, nous sommes remontés chez Nedo pour y passer la nuit. Aujourd'hui, les habitants de la rue Vasa Miskin ont signé un grand livre de condoléances et ont allumé des petites bougies. La rue a été rebaptisée « Rue de la Résistance antifasciste ».

Zlata.

Vendredi 29 mai 1992

Dear Mimmy,

Je suis chez Nedo. Conséquence du fascisme d'hier : il n'y a plus une vitre aux fenêtres du cabinet de papa, et chez les Bobar non plus. Un obus est tombé sur la maison d'en face, et je ne sais combien d'autres tout près de chez nous. Toute la ville est en flammes.

Ta Zlata.

Samedi 30 mai 1992

Dear Mimmy,

La maternité a complètement brûlé. C'est là que je suis née. Des centaines de milliers de futurs bébés, de futurs habitants de Sarajevo n'auront pas la chance d'y naître. Elle était encore toute neuve. Le feu a tout dévoré. On a pu sauver les mères et les bébés. Au moment où l'incendie s'est déclaré, deux bébés étaient en train de naître. Ils sont vivants. Ici, les gens meurent, périssent, ici tout brûle, tout disparaît, et pendant ce temps-là, des bébés, des futurs hommes viennent au monde, en sortant des flammes.

Ta Zlata.

Lundi 1er juin 1992

Dear Mimmy,

Aujourd'hui, c'est l'anniversaire de Maja. Elle a dix-huit ans. Elle est majeure. C'est une grande. Pour Maja, c'est un jour important, et voilà comment elle l'a célébré : dans la guerre. Nous avons tous essayé de faire en sorte que ce soit quand même un grand jour pour elle, mais Maja était triste, maussade. Cette guerre est venue tout gâcher. Maja ne passera pas son bac, elle ne mettra pas sa belle robe pour la remise de son diplôme. Ici, c'est la guerre, la guerre, et encore la guerre.

Par bonheur, les combats avaient diminué, et nous avons pu nous réunir en paix. La tante Boda avait préparé un repas de fête (de « fête », si on peut dire, en temps de guerre !), et maman, un roulé avec les noix qui nous restaient (les dix-huit ans de Maja méritaient bien ça). Nous lui avons offert un collier et un bracelet incrustés de perles d'Ohrid. Elle a eu un tas de cadeaux de valeur, en or. Dix-huit ans, on ne les a qu'une fois dans sa vie. Joyeux anniversaire, Maja, je te souhaite de célébrer tous les autres dans la paix.

Zlata.

Vendredi 5 juin 1992

Dear Mimmy,

L'électricité est coupée. Depuis plusieurs heures déjà, et nous craignons pour le contenu du congélateur. Ce sont nos réserves, les dernières. Il ne faut surtout pas les laisser perdre. Il y a de la viande, des légumes, des fruits. Comment faire ?

Papa a déniché un vieux poêle à bois dans le grenier. Marrant, tellement il est vieux. Dans la cave, on a trouvé du bois ; les Bobar aussi. On a installé le poêle dans la cour, et toute la nourriture qui était dans le frigo, on l'a fait cuire ; les Bobar sont venus nous donner un coup de main, et on a fait un festin. Il y avait au menu du veau, du poulet, des calmars, du strudel à la cerise, de la tourte à la viande et aux pommes de terre — de tout, il y avait de tout. Dommage tout de même qu'on ait dû manger autant en une seule fois. On a été obligés de s'empiffrer. C'EST NOTRE VENTRE QUI VA ÉCLATER !

On a nettoyé le frigo et le congélateur. Qui sait quand nous pourrons à nouveau cuisiner. Trouver de la nourriture à Sarajevo devient un réel problème. Il n'y a plus rien à acheter, et pour les grands, ça devient difficile de se procurer des cigarettes et du café. Les dernières réserves s'épuisent. Dieu du Ciel, en plus du reste, nous n'allons quand même pas avoir faim ?...

Zlata.

Mercredi 10 juin 1992

Dear Mimmy,

Hier soir, vers 23 heures, ça a recommencé à gronder. Mais non, pas le tonnerre, le canon ! On a filé chez Nedo. Je suis restée là-bas pour la nuit ; papa et maman, eux, sont rentrés.

L'électricité est coupée. On fait la cuisine dans la cour. Tout le monde. Tous les voisins. Il est vraiment le bienvenu, notre vieux poêle.

Papa et Žika sont sans arrêt à tripoter le poste de radio pour entendre les informations. Ils ont réussi à avoir RFI (Radio France International), l'émission en serbo-croate. C'est le soir à 21 heures, et ils écoutent régulièrement. Bojana et moi, on joue aux cartes, on fait des « châteaux » ou alors, on dessine.

Zlata qui t'aime.

Dimanche 14 juin 1992

Dear Mimmy,

Comme le courant n'est toujours pas revenu, on continue à faire la cuisine dans la cour. Alors que nous étions près du poêle, sur le coup de 14 heures, un obus est

1981. Zlata à 1 an.

1985. Tout près de Sarajevo,
les pistes olympiques de la Jahorina,
« la plus belle montagne du monde », selon Zlata.

PJESME

boja teških godina.

Dva, tri metra snijega i tutanj ljetna,
pusti Ficu kad ne pali dok ga raja ne gura.
Na ormaru dunje drije
ja još čuvam za tebe

A na moru tamo, mlijeko, varenika,
svima ravno do mora, a more Zelenika
Od Makarske do Neuma
uspomena ostala.

REF:

Ako pitaš...

... Nikome se ne ponovilo!

Prepisivala:
Zlata Filipović

Dnevnik rada

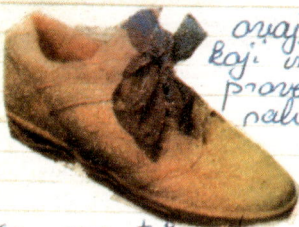

ovaj period života
koji im je ostao, mirno
provodu. I to su mo-
rali pokvariti.
Danas nisam
išla u školu, ni
u muzičku. Vratili
su nas tako da ću danas cijeli
dan provesti u kući, čitajući, svirajući
klavir, družeći se sa Nejrom i Harisom.
Danas sam trebala ići kod Mirne,
ali i to su mi pokvarili.
Nisam ti pisala, Mimmy, da
ćeš ti u svijet. Štampaćeš se u
svijetu. Ja sam te dala, da ti pri-
čaš svijetu ono što sam ja tebi pisala. Pisala sam ti o ratu, o sebi i
Sarajevu u ratu, a svijet ima že-
lju da to sazna iz ovih naših
redova. Pisala sam ti onako kako
sam ja osjetila, čula i vidjela rat,
a sad će i ljudi van Sarajeva to
osjetiti, čuti i vidjeti preko ovih redova.
Sretan ti put u svijet, Mimmy!

4

Zlata fête son cinquième anniversaire.

pada teško kad ponovo pačne. A ne ovako, malo se opustiš, a onda OPET. Sada sam sigurna da se nikada neče zavrśiti. Jer, neki ljudi to ne žele, neki zli ljudi koji mrze djecu i obične male ljude.

Stalno mislim da smo mi usamljeni u ovam ratu, da niko ne misli na nas, da nam niko ne pruža ruku. Ali, ima ljudi koji misle i brinu o nama.

Jučes je došla ekipa kanadske TV i Janine da nas slikaju, da vide kako smo podnijeli ovo ludilo od granatiranja. Dijep gest. Ljudski.

A kada smo u Janin-im rukama vidjeli naramak namirnica,

Zlata

KOVERTA

Koverta, kuverta, kuferton

1987. Cérémonie des pionniers de Tito.
Zlata a 7 ans.

8 ans. Zlata est assidue
aux cours de l'école de musique.
Elle chante et joue du piano.

Dnevnik rada

ručali i večerali suho, jer je nestalo plina, jučer. Kao što znaš nemamo mi struje ⊘ tako da smo mi na pragu samoubistva. KATASTROFA? Joj, Mummy, ne mogu više. Muka mi je od svega. Strašno sam umorna od svih ovih ŠŠŠ..? Izvini, psujem, ali zaista ne mogu više, dosta je, zaista. Sve je veća mogućnost da se ubijem. Ako me sva ova Čretoni i odarao i odarado, ne učijur prije. Strašno sam popustila. HOĆU DA VRISTIM, DA LUPAM, DA UBIJAM. Pa, i ja sam ljudsko biće i ja imam svoje granice. JOOOJ!

Muka mi je!

OVO ŠTO JE DOLE NAPISANO NAPISANO JE U BOLJEM RASPOLOŽENJU. Rasplakaću se.

Voli te Tibaš

AAAAA — ISCURI!

10

*1989. Avant la guerre, Zlata avait l'habitude
de passer ses week-ends à la montagne.*

*Printemps 1991.
Zlata est en cinquième, elle a 10 ans
et Sarajevo ne vit pas encore sous les bombes.*

La guerre a éclaté à Sarajevo.
Au début, l'arrivée des casques bleus
a apporté un peu d'espoir.

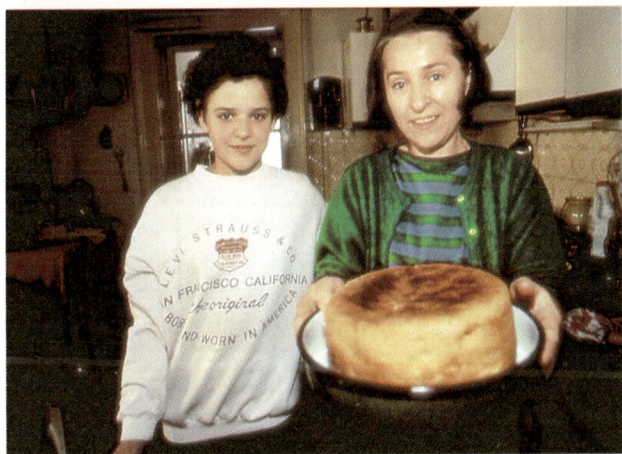

Faire la cuisine est devenu un exploit,
sans électricité. Il faut parfois sillonner
tout le quartier pour trouver un four.
La mère de Zlata montre fièrement un pain
qu'elle a cuit dans une Cocotte-minute.

Jučer je malo krkalo. Neki dan
je ranjen neki čovjek na mostu
od snajpera. Perviru su ukrali
regulator pritiska iz SETA. Plin nam
je u stanu (cijevi, plina nema). Struja
me sekira. Htana - "Zima pravo",
kad dođe struja uključićemo TEA pe
Pisma uopšte me dolaze, čak ni pre
UNPROFOR-a. Aaaa, Samra se juče
udala. Sretnik je Zijo (MANA: militare
se zakuje). I ja i mama smo
išle da prisustvujemo "svečanom
činu sklapanja braka između Kaza
Samre i Rešid Zijada" što li se
matičarka. Matičarka je pravo rozra
da ja nisam ni skontala šta

14

Zlata regarde son journal dans sa chambre.
Cette pièce est dangereuse, elle donne
sur les collines d'où l'on tire sur Sarajevo.

tombé sur la maison du coin en face de chez nous. La jolie bijouterie Zoka a été démolie. On est vite descendus dans la cave en croyant à une canonnade. Heureusement, il n'y a eu qu'une explosion, et on a pu remonter vers 16 heures.

Ta Zlata.

Mardi 16 juin 1992

Dear Mimmy,

Nous n'avons plus de vitres. Nulle part, sauf dans ma chambre. A cause d'un sale obus qui a à nouveau touché la bijouterie Zoka en face de la maison. J'étais seule en haut à ce moment-là. Papa et maman préparaient le repas dans la cour, moi, j'étais remontée pour mettre la table. Tout à coup, j'ai entendu une violente explosion et un fracas de verre. Terrorisée, je me suis précipitée vers la cage d'escalier. J'ai alors vu papa et maman à notre porte. Ils étaient hors d'haleine, en nage, livides ; ils m'ont attrapée, et on a couru à la cave car, d'ordinaire, les obus, ça défile. Quand j'ai réalisé ce qui s'était passé, j'ai éclaté en sanglots, et je tremblais comme une feuille. Tout le monde a essayé de me réconforter, mais j'étais drôlement secouée. Je suis à peine remise maintenant.

Quand nous sommes remontés, il y avait du verre partout dans l'appartement, toutes les vitres avaient éclaté. Nous avons ramassé les débris et mis des plastiques aux fenêtres. Je l'ai échappé belle. J'ai mis le culot et les éclats de l'obus dans un carton, et j'ai remercié Dieu de m'être trouvée dans la cuisine, autrement j'aurais pu recevoir l'un de ces maudits éclats. C'EST L'HORREUR. Combien de fois l'ai-je écrit ? C'est L'HORREUR. Mais c'en est trop, maintenant. L'horreur a remplacé le temps qui passe. Peut-être qu'à Sarajevo, c'est ce nom-là qu'il faudrait donner au temps qui passe, car ça lui ressemble beaucoup.

Zlata qui t'aime.

Jeudi 18 juin 1992

Dear Mimmy,

Encore une bien mauvaise nouvelle aujourd'hui. Notre maison de campagne à Crnotina, notre tour vieille de près de cent cinquante ans, a brûlé. Disparu dans les flammes, tout comme la poste. Je l'aimais tant, cette maison. L'été dernier, nous étions là-bas en vacances. J'adorais y aller, je m'amusais bien. Ce que j'étais contente chaque fois qu'on y allait. Et on l'avait si bien restaurée ; des nouveaux meubles, des nouveaux tapis, des nouvelles fenêtres. Nous avions mis en elle tout notre amour, toute notre chaleur, et elle nous le rendait bien, par sa beauté. Elle avait traversé tant d'années, tant de guerres, et voilà... il n'en reste plus rien. Elle a brûlé, entièrement. Žiga Meho, et Bećir, des voisins, ont été tués. C'est bien plus triste encore. La maison de Vildana a brûlé elle aussi. Toutes les maisons brûlent. Un tas de gens se font tuer. Voilà des nouvelles effroyablement tristes.

Je cherche la raison de tout cela. Pourquoi ? Qui est

responsable ? Je cherche, mais je ne trouve pas. Tout ce que je sais, c'est que nous nous enfonçons dans le malheur. Et aussi que c'est la politique qui est responsable de tout. J'ai dit que la politique ne m'intéressait pas, mais pour trouver la réponse à mes questions, il faudrait pourtant bien que je sois un peu au courant. Je devine certaines choses, mais il y en a beaucoup que j'apprendrai un jour et que je comprendrai. Papa et maman ne me parlent jamais de politique. Ils pensent sans doute que je suis trop petite, ou alors, ils n'y connaissent rien eux-mêmes. Ils me disent simplement : « Ça va se terminer — Ça doit se terminer un jour. »

Ta Zlata.

Samedi 20 juin 1992

Dear Mimmy,

La tante Radmila (une collègue de travail de maman) est venue aujourd'hui de Vojničko polje (c'est une nouvelle cité). Sa maison a été complètement détruite. Des tirs d'obus. De tout ce qu'ils avaient, il ne reste plus rien. Rien, sinon des amas de choses inutilisables, des meubles, des armoires, des tableaux, tout ce qu'il peut y avoir dans un appartement. Elle est triste que ses filles ne soient pas là avec elle (Sunsica et Mirna sont à Zagreb[1]), mais en même temps, elle est heureuse qu'elles n'aient pas vu quel enfer c'était à Vojničko

---

1. Capitale de la Croatie.

polje. Nous avons appris aujourd'hui que Narmin Tulić, un acteur du Petit Théâtre, avait perdu les deux jambes. C'est terrible ! Terrible ! TERRIBLE !

Saša est parti chez sa grand-mère. Mais il semblerait qu'il doive revenir.

Ta Zlata.

Lundi 22 juin 1992

Dear Mimmy,

Le sang a de nouveau coulé dans les rues de Sarajevo. Un nouveau massacre. Cette fois dans la rue du Maréchal-Tito. Trois morts, trente-cinq blessés. Des obus sont aussi tombés rue Radić, rue Irbina et rue Šenoa. Au total, une quinzaine de morts. J'ai bien peur qu'il y ait des victimes dans la famille de Mirna, de Marijana, ou d'Ivana.

Et les autres qui continuent de tuer.

ASSASSINS !

Je les plains d'être aussi bêtes et serviles au point de s'abaisser ainsi devant certains. C'est ÉPOUVANTABLE !

Ta Zlata.

Mardi 23 juin 1992

Dear Mimmy,

Cicko a failli mourir aujourd'hui. Il est tombé de la fenêtre de la cuisine sur le toit en zinc. On s'est vite précipités dans la cour pour le récupérer. Il gisait dans un coin de sa cage et battait des ailes de terreur. J'ai essayé de le réconforter en lui donnant un petit bout de salade. Par bonheur, il vit toujours.

Aujourd'hui, un obus est tombé sur la place du marché et sur la cathédrale.

Hier soir, le courant a été coupé à 20 heures. Il est maintenant 23 h 30, et le courant n'est toujours pas revenu.

C'est L'HORREUR !

Zlata.

Mercredi 24 juin 1992

Dear Mimmy,

L'eau a été rétablie à 9 h 45, mais il n'y a toujours pas d'électricité. 10 h 30 : il y a toujours de l'eau. 12 heures : il n'y en a plus ; de l'électricité, par contre, si.

YESS !

Mimmy, je viens de réaliser que tous mes amis sont partis. Oga, Martina, Matej, Dejan, Vanja, Andrej. Oh, NO-OOON !...

Bojana et moi, on n'a plus le droit de sortir dans la cour, à cause des tirs. Alors, on fait du roller sous son portail. C'est pas mal non plus.

Jusqu'ici, j'ai lu les livres suivants : *Maman, je t'aime*, *Les Aigles prennent tôt leur essor*, et je suis en train de lire *La petite Toto*.

Ta Zlata.

Dear Mimmy,

J'EN AI MARRE DES CANONNADES ! ET DES OBUS QUI TOMBENT ! ET
DES MORTS ! ET DU DÉSESPOIR ! ET DE LA FAIM ! ET DU MALHEUR !
ET DE LA PEUR !

Ma vie, c'est ça !

On ne peut pas reprocher de vivre à une écolière
innocente de onze ans ! Une écolière qui n'a plus
d'école, plus aucune joie, plus aucune émotion d'écolière. Une enfant qui ne joue plus, qui reste sans amies,
sans soleil, sans oiseaux, sans nature, sans fruits, sans
chocolat, sans bonbons, avec juste un peu de lait en poudre. Une enfant qui, en un mot, n'a plus d'enfance. Une
enfant de la guerre. Maintenant, je réalise vraiment que
je suis dans la guerre, que je suis le témoin d'une guerre
sale et répugnante. Moi et aussi les milliers d'autres
enfants de cette ville qui se détruit, pleure, se lamente,
espère un secours qui ne viendra pas. Mon Dieu, est-ce
que cela va cesser un jour, est-ce que je vais pouvoir
redevenir écolière, redevenir une enfant contente d'être
une enfant ? J'ai entendu dire que l'enfance est la plus
belle période de la vie. J'étais contente de vivre mon
enfance, mais cette sale guerre m'a tout pris. Mais pourquoi ? ! Je suis triste. J'ai envie de pleurer. Je pleure.

Ta Zlata.

Dear Mimmy,

Une petite joie aujourd'hui. Un plaisir que nous nous sommes fait à nous-mêmes. On a cueilli les griottes de notre cour. La platée que l'on s'est mise ! On avait suivi toute la maturation : le bourgeonnement, l'apparition de petites fleurs, puis de minuscules fruits verts qui se sont mis à rougir petit à petit. On avait attendu qu'elles soient à point pour les manger. Et MIAM, elles étaient délicieuses ! Le prunier n'a rien donné, nous ne mangerons donc pas de prunes. C'est terrible ce que j'ai envie de fruits. Ici, à Sarajevo, en ces jours de guerre, pendant cette guerre, non seulement on manque de nourriture de base et de tout ce dont on a besoin pour vivre, mais on ne trouve aucun fruit. Moi par contre, je me suis mis une sacrée ventrée de griottes.

Braco, le frère de maman, se rétablit. Il va mieux. Il arrive à faire quelques pas.

                                                    Zlata.

Dear Mimmy,

Maman retourne à son travail. Elle y va quand ça ne tire pas, mais on ne peut jamais dire si ça ne va pas commencer. C'est dangereux de circuler en ville. Et surtout de traverser le pont près de chez nous, à cause des snipers[1]. Il faut courir. Chaque fois que maman sort, papa et moi, on la regarde de la fenêtre. « Je n'aurais jamais cru que la Miljačka (c'est notre rivière) était aussi large, dit maman. On court, on court, on court, et on a l'impression que l'on n'arrivera jamais à l'autre bout du pont. » C'est la peur qui fait dire ça, Mimmy ; la peur d'un malheur.

Papa ne va pas travailler. Il ne travaille pas. Et nous restons tous les deux à attendre le retour de maman. Quand les sirènes d'alerte se mettent à hurler, nous nous inquiétons pour elle, nous nous demandons comment et quand elle va rentrer. Le ouf de soulagement quand elle rentre !

Neda est venue aujourd'hui. Elle a déjeuné avec nous. Puis nous avons joué aux cartes. Neda parle de partir à Zagreb. Maman a de la peine, car elles se connaissent depuis le temps où elles étaient petites filles. Elles ont toujours été ensemble, toute leur vie jusqu'à maintenant. Moi aussi, ça me ferait beaucoup de peine car j'aime beaucoup Neda, et je sais qu'elle m'aime aussi.

Zlata.

Dimanche 5 juillet 1992

Dear Mimmy,

Je ne me rappelle plus quand je suis sortie de la maison pour la dernière fois. Pfff..., c'était il y a presque deux mois ! Ce que je voudrais voir grand-père et grand-

---

1. Tireurs embusqués armés de fusils à lunette.

mère ! J'allais chez eux tous les jours, ça fait une éternité que je ne les ai pas vus.

Je passe mon temps dans la maison et à la cave. Et ainsi s'écoule mon enfance de guerre. C'est l'été. Les autres enfants sont en vacances, à la mer, à la montagne, ils se baignent, ils bronzent, ils s'amusent. Mon Dieu, quel péché ai-je commis pour être obligée de passer le temps de cette façon-là. Les enfants ne méritent pas ça. Je suis enfermée comme dans une cage. Je ne vois le parc devant chez nous que de derrière nos fenêtres brisées. Un parc vide, désert, sans enfants, sans joie. J'entends des explosions, et autour de moi, tout sent la guerre. Ma vie, maintenant, c'est la guerre. MISÈRE, je n'en peux plus ! Une envie me prend de hurler, de pleurer. Si au moins je pouvais faire un peu de piano, mais non, je ne peux même pas, il est dans la chambre « dangereuse » où je n'ose même pas mettre les pieds. Ça va encore durer longtemps ? !

Zlata.

Mardi 7 juillet 1992

Dear Mimmy,

Hier, avant-hier, et le jour d'avant, l'eau était coupée. Aujourd'hui, elle a été rétablie vers 8 h 30. Il est maintenant 10 h 30, et il ne coule plus qu'un mince filet.

Nous avons rempli tout ce que nous avons pu, et nous devons épargner ce précieux liquide. Dans cette guerre, il faut tout épargner, et l'eau, et la nourriture.

Maman est au travail, papa lit ; je vais aller chez Bojana car ça ne tire plus.

Zlata.

Samedi 11 juillet 1992

Dear Mimmy,

Nedo nous a amené de la visite. Une petite chatte. Elle marchait derrière lui, elle le suivait partout, alors Nedo ne s'est pas senti le courage de la laisser dehors. Il l'a prise dans ses bras et nous l'a amenée. Comment on va l'appeler — Tanjo, Tanjko, Maca, Mikana, Persa, Cici ?... Elle est orange avec des petits chaussons blancs et un petit bavoir. Elle est chou comme tout, mais quand même un petit peu sauvage.

Zlata.

Mardi 14 juillet 1992

Dear Mimmy,

Le 8 juillet, nous avons reçu un colis des Nations unies. Aide humanitaire. Un colis avec six boîtes de corned-beef, cinq boîtes de conserves de poisson, deux fromages, trois kilos de lessive, cinq savons, deux kilos de sucre et cinq litres d'huile. Un superpaquet. Sauf que papa a dû faire quatre heures de queue pour l'obtenir.

Dobrinja est libérée. Là-bas aussi, ils reçoivent des colis de l'ONU.

Nous attendons la décision qu'aura prise le Conseil de sécurité concernant une éventuelle intervention en Bosnie-Herzégovine.

Avant-hier, le 12 juillet, l'eau et l'électricité ont été coupées. Et on n'en a toujours pas. CIAO !

Zlata.

Vendredi 17 juillet 1992

Dear Mimmy,

Nous avons appelé la chatte CICI. Nedo lui a donné un minibain, on lui donne du lait, des gâteaux secs et... du riz ! Il va falloir qu'elle aussi se fasse à cette nourriture. Elle est vraiment mignonne. Elle a une tête superbe. Tout le monde l'adore, et elle s'habitue lentement à nous. Bojana et moi, nous la prenons sur nos genoux, nous la caressons, elle se laisse faire. C'est la preuve qu'elle aime bien, qu'elle est heureuse. Et on peut dire qu'elle a de la chance. Peut-être qu'elle serait morte maintenant, touchée par un éclat d'obus, ou morte de faim, ou dévorée par un chien errant. Oui, Nedo a vraiment fait une bonne action. Comme ça, la grande famille que nous formons avec les voisins compte un membre de plus. CIAO !

Zlata.

Dear Mimmy,

J'ai oublié de te dire : il y a de cela quelques jours, deux filles sont venues habiter l'immeuble. Emina et Samra. Elles sont géniales. Emina ressemble à maman ; elles aiment les mêmes couleurs, elles aiment regarder les fringues, et, nom de nom, quelles froussardes ! Samra est réfugiée de Grbavica, elle a tout laissé là-bas. Sa mère est morte il y a quelques années, c'est sans doute pour cela qu'elle se montre plus forte et supporte mieux cette situation. La sœur d'Emina a épousé le frère de Samra. Ils s'appellent Alma et Kemo. Ils ont un fils de huit ans, Haris, et une fille de deux ans et demi, Nejra. Samra et Emina ne parlent que d'elle, une petite fille mignonne et gentille comme tout. Ce que j'aimerais la connaître ! Ciao !

Zlata.

Dear Mimmy,

Comme je ne bouge pas de la maison, je regarde le monde extérieur de la fenêtre.

Dans les rues errent quantité de superbes chiens de race abandonnés. Leurs maîtres les laissent dehors car ils n'ont sûrement plus de quoi les nourrir. C'est franchement triste. Hier, j'ai vu un cocker qui traversait le pont, il ne savait pas où aller. Il était perdu. Il faisait quelques pas, puis s'arrêtait, puis rebroussait chemin. Il cherche probablement son maître ; qui sait si son maître est encore en vie ? Ici, même les animaux souffrent. Même eux, la guerre ne les épargne pas. Ciao !

Zlata.

Dimanche 26 juillet 1992

Dear Mimmy,

Hier, nous avons eu la visite de Braco Lajtner. Il nous a apporté une lettre de Keka, de Martina et de Matej. Ils souffrent beaucoup d'être séparés de Braco, et en lisant leur lettre, tout le monde ici pleurait. Même papa. Vivre dans la guerre, c'est dur, mais vivre quand on est réfugiés, aussi.

Martina et Matej se sont fait des amis, et Martina est allée à Budapest pour le concert de Guns 'n Roses.

Jusqu'ici, j'ai lu les livres suivants : *Maman je t'aime, La Petite Toto, Ringo Starr, Le Crépuscule des Génies, Le Haïdouk à Belgrade, Suis-moi* et *Le Journal secret d'Adrien*. Pas mal, non ?

Braco, le frère de maman, est sorti de clinique. Il est chez grand-père et grand-mère. Il se sent nettement mieux physiquement et mentalement.

La Collectivité locale organise des cours d'été. Je me suis inscrite en anglais, en informatique et en musique ; Bojana seulement en informatique.

Aujourd'hui, maman a rencontré Miša, la mère de Mirna. Elle a dit qu'ils allaient bien et que Mirna passait le temps de la même façon que moi. Si au moins nous pouvions nous voir.

Le Conseil de sécurité est désespérant. Aucun bon sens dans ses résolutions.

Ta Zlata.

Mercredi 29 juillet 1992

Dear Mimmy,

Maman est rentrée de son travail en pleurant à chaudes larmes. Elle nous a annoncé une nouvelle très, très triste : hier, Mladjo (le frère de Srdjan) a été tué devant chez lui. L'enterrement, c'était aujourd'hui, et maman l'a appris par le journal, alors que l'heure était déjà passée. C'est terrible. On ne peut pas croire ce qui se passe ici. Les gens meurent, disparaissent, sont enterrés, et leur famille ne peut même pas les accompagner pour leur dernier voyage. A l'enterrement, il n'y avait que Seka, la sœur de Bokica. Srdjan et ses parents sont à Dubrovnik et la femme de Mladjo est au Monténégro avec Maja, Bojana et Nebojša, leurs trois enfants. Ils ne savent même pas que Mladjo est mort. Quand le sauront-ils ? Sarajevo est coupée du monde... Le téléphone ne marche plus. Mais mon Dieu, que se passe-t-il donc ? !...

Bojana, Maja et Nebojša n'ont plus de père. Une sale guerre le leur a pris. C'est triste, effroyablement triste. Mladjo était quelqu'un de formidable.

Zlata qui t'aime.

Mardi 4 août 1992

Dear Mimmy,

Cinq mois. Cinq mois de brutale agression contre l'État souverain et indépendant de Bosnie-Herzégovine.

On a tiré sur le salon des Bobar. Une première balle a démoli la fenêtre, cassé l'antenne intérieure de la télé, emporté un morceau de la table vitrée, traversé un fauteuil, brisé la vitre de la porte, avant de... PAFF ! tomber par terre. Après cette balle-là, on en a tiré trois autres. La première a crevé le plastique de la fenêtre, ricoché jusque dans l'armoire où elle a égratigné le beau diplôme de la tante Boda, et elle est tombée, PAFF ! La deuxième aussi a fracassé la fenêtre et s'est fichée dans le mur. La troisième a crevé le plastique, éraflé un fauteuil et s'est logée dans l'armoire où elle a abîmé un soutien-gorge, avant de tomber, PAFF !

Zlata.

Mercredi 5 août 1992

Dear Mimmy,

Encore une mauvaise nouvelle lue dans le journal. L'oncle de maman (grand-oncle Halim) est mort. Il était vieux, mais la guerre a hâté sa mort. J'ai bien de la peine. C'était un vieux bonhomme merveilleux. Je l'aimais bien. C'est ça la guerre, Mimmy. On perd sa famille, et on ne le sait même pas. La guerre ne permet de garder aucun contact, sauf avec ses voisins. Ici, la vie, ce sont les voisins. Tout se passe dans un cercle, un

cercle que l'on connaît, et tout ce qui est en dehors
paraît très loin.

Zlata.

Vendredi 7 août 1992

Dear Mimmy,

Aujourd'hui, ça a tonné dans notre quartier. Je ne
saurais pas dire le nombre d'obus qui sont tombés tout
près de chez nous. Papa était parti avec Samra pour la
distribution de l'aide humanitaire. Tout était calme,
mais brusquement, il y a eu des coups de canon. Des
explosions. Ça tonnait. Emina était chez nous. A un
moment, il y a eu une violente détonation. Des vitres
volaient en éclats ; des tuiles dégringolaient, il y avait un
nuage de poussière. On ne savait pas où aller. On était
persuadées qu'un obus avait atteint notre maison. On
fonçait déjà vers la cave quand on a entendu les hurlements paniqués de Nedo. Il courait vers nous à travers
la poussière, les tuiles et le verre brisé. On est vite descendus dans la cave des Bobar. Ils y étaient déjà tous.
On tremblait comme des feuilles. Surtout maman. Tout
en pleurant, elle a demandé où était papa, s'il était rentré. Une fois un peu revenus à nous, on a su qu'un obus
était tombé sur le toit, juste au-dessus de l'appartement
d'Emina. On a eu de la chance, car notre toit à nous
n'est qu'à une dizaine de mètres. Tout s'est bien terminé. Nous avons vu accourir papa et Samra. Ils s'in-
quiétaient pour nous. Quand nous sommes remontés,
l'appartement était plein de poussière et de morceaux

de tuiles. On a même trouvé un éclat d'obus dans la baignoire. Il a fallu retrousser ses manches et tout nettoyer. J'avais peur que ça recommence, mais heureusement, c'était fini. Encore une horrible journée.

Ta Zlata.

Lundi 10 août 1992

Dear Mimmy,

Braco, le frère de maman, va bien. Il remarche bien aussi. Aujourd'hui, il est retourné à Otes. Il travaillera au centre de presse et donnera des informations sur ce qui s'y passe. Là-bas, ça va. On ne se bat pas, et il y a de quoi manger. Tant mieux pour eux. Mikica et Dača (mes cousines) me manquent. Je ne les ai pas vues depuis le début de la guerre.

Ta Zlata.

Mardi 11 août 1992

Dear Mimmy,

A Sarajevo, les obus, la mort, l'obscurité, la faim, ça continue. Quelle tristesse !

Je ne suis toujours pas sortie. Je joue avec Bojana et Cici, la chatte. Cici est un petit coin de ciel bleu dans ma triste vie. Cette façon qu'elle a de montrer qu'elle m'aime bien ! Elle ne parle pas mais il y a son regard, ses petites pattes, ses miaulements. C'est sa façon à elle

de parler, et je la comprends très bien. T'es un amour,
Cici ! Ciao.

Zlata.

Vendredi 14 août 1992

Dear Mimmy,

Hier soir, comme d'habitude et comme tous les soirs,
les Bobar sont venus écouter RFI. Bojana et moi, on
jouait aux cartes. Tout le monde se laissait aller et, pendant un instant, on a oublié que c'était la guerre. Vers
21 h 30, les tirs d'obus ont recommencé. Tout à coup,
comme très souvent. Nous nous sommes vite engouffrés
dans l'appartement de Nedo. Vers minuit, les tirs ont
diminué, et nous avons pu rentrer. Se laisser aller... il
ne faut surtout pas se laisser aller !

Zlata.

Dimanche 16 août 1992

Dear Mimmy,

Papa s'est fait une hernie. Il a beaucoup maigri, et les
bidons d'eau étaient trop lourds pour lui. Il est allé chez
le docteur : il ne doit plus rien soulever de lourd. Il ne
DOIT plus ? ! Mais alors,... pour l'eau ? ! C'est maman qui
va devoir aller la chercher, et toute seule. Jamais elle
n'y arrivera !...

Zlata.

Mardi 18 août 1992

Dear Mimmy,

C'est maman qui rapporte l'eau. C'est dur, mais comment faire autrement ? L'eau est coupée. Et l'électricité aussi. Je ne t'ai pas dit, Mimmy, j'ai oublié ce que c'était d'avoir de l'eau qui coule au robinet, de pouvoir prendre une vraie douche. Nous nous servons d'une cruche. Une cruche qui remplace la douche. Et pour la vaisselle et la lessive, c'est comme au Moyen Age. On retourne dans l'ancien temps avec cette guerre. Mais on s'y fait, on le supporte. Combien de temps encore, on ne sait pas.

Zlata.

Vendredi 21 août 1992

Dear Mimmy,

En fait, je ne suis aucun des cours d'été que j'avais prévus. Je me suis inscrite à la section théâtre-littérature. On m'a donné à réciter *La Prière de Sarajevo* d'Abdulah Sidran. C'est super beau.

Zlata.

Dear Mimmy,

Je vais aux cours d'été régulièrement. J'aime bien. On est avec plein d'autres enfants. On ne pense plus aux obus et à la guerre. Maja et Lela, les deux jeunes qui aident notre professeur Irena Vidović, nous font passer de bons moments. On étudie la littérature, on apprend des récitations — bref, un vrai plaisir d'être ensemble. J'ai l'impression de retrouver le temps d'avant la guerre. Quel bonheur de pouvoir ressortir dans la rue ! En fait, ce n'est pas bien loin (à deux cents mètres de chez nous), mais enfin, j'ai pu remettre le nez dehors. Papa m'accompagne. Les enfants de Sarajevo ne peuvent plus sortir seuls dans la rue. C'était vraiment insupportable d'être toujours enfermée. Là, je m'arrange un peu, je me fringue. Enfin, faut pas pousser, quand même ! Ciao !

Zlata.

Dear Mimmy,

Ça va plutôt bien. Les bombardements ont cessé, je vais aux cours, je vois Maja, Bojana et Neda. On fait les folles, qu'est-ce qu'on rigole ! Au point d'en oublier la guerre, quelquefois. Ça nous aide à tenir le coup, on vit des instants de paix. Jusqu'à ce qu'un coup de canon ou une explosion nous replonge dans la réalité. Je me demande parfois comment j'arriverais à supporter tout ça sans Maja, Bojana et Neda. Je vous dis merci de m'aider à supporter tout ce qui se passe, à briser mon ennui, à oublier par moments toutes ces horreurs.

Mimmy, retiens bien leur nom, pour que tu te souviennes toujours d'elles, toi aussi. Moi, je ne les oublierai pas, c'est certain.

Ta Zlata.

Jeudi 3 septembre 1992

Dear Mimmy,

Les beaux jours s'en vont. On ne tire plus d'obus sur notre secteur, mais cela fait maintenant un mois que... BOUH ! ... on n'a pas d'électricité. Si le courant pouvait revenir. Et si moi je pouvais traverser le pont pour aller voir grand-père et grand-mère. Je le demande à papa et maman. J'insiste. Vais-je réussir ? A suivre...

Zlata.

Mardi 8 septembre 1992

Dear Mimmy,

YESS ! YESS ! YESS ! ON A DE L'ÉLECTRICITÉ !!!

Demain, c'est l'anniversaire de maman. J'ai coupé dans un journal un cœur, où j'ai écrit JOYEUX ANNIVERSAIRE... et aussi un bouquet de roses. Maman s'était lan-

85

cée dans la préparation d'une bajadera[1], car pour ça, on n'a pas besoin d'électricité, mais quand le gâteau a été prêt, le courant est revenu ! PAUVRE MAMAN !

Ta Zlata.

Samedi 12 septembre 1992

Dear Mimmy,

Aujourd'hui, c'est l'anniversaire de la tante Boda. Nous lui avons offert une paire de bas et un petit paquet de café. Les hurmašice[2] étaient superbonnes. CIAO !

Zlata.

Dimanche 1er septembre 1992

Dear Mimmy,

Tu te souviens de Nejra, la petite fille de deux ans et demi dont Samra et Emina me parlent tout le temps ? Je t'avais dit que j'aimerais bien la connaître, cette petite fille si gentille et si aimable — eh bien, elle se trouve maintenant chez des voisins. Un obus est tombé sur sa maison. Toute la famille a dû évacuer. Ils sont venus rejoindre Samra et Emina. Elles avaient raison toutes les deux. NEJRA EST VRAIMENT TRÈS TRÈS MIGNONNE !

Samra a trouvé du travail. Comme mécanicienne, et

---

1. Gâteau au chocolat et aux amandes.
2. Pâtisserie turque.

elle travaille douze heures par jour ! Je ne la vois presque plus.

Ta Zlata.

Lundi 14 septembre 1992

Dear Mimmy,
   Aujourd'hui, Alma et Dado célébraient leur anniversaire de mariage. Nous leur avons offert un porte-serviettes et une cravate. Super la fête et le gâteau !

Zlata.

Mardi 15 septembre 1992

Dear Mimmy,
   Je dois encore t'apprendre une triste nouvelle. Un garçon qui venait au cours de théâtre avec moi est MORT. Un obus est tombé devant la Collectivité locale et le pauvre a été tué par un éclat. Il s'appelait Eldin ; il était réfugié de Grbavica. Encore une victime innocente de cette sale guerre, un enfant de plus à ajouter aux milliers d'enfants tués à Sarajevo. J'ai du chagrin. Il était gentil, ce garçon. Mais mon Dieu, pourquoi ? Tu ne crois pas que maintenant, ça suffit ? !

Zlata.

Dear Mimmy,

Aujourd'hui, c'est l'anniversaire d'Alma. Nous lui avons offert deux shampooings aux plantes. C'était chouette, et pourtant... Je regardais par la fenêtre quand j'ai vu un éclair dans les collines. Un signal, je me suis dit, c'est fréquent en temps de guerre. Et tout à coup... BOUM ! Les vitres qui explosent, le plâtre qui dégringole des murs. Un obus venait de tomber devant le 22 Décembre (un magasin tout près d'ici), et du quatrième étage, j'ai tout vu. On s'est précipités chez Nedo. On a regardé la télé.

L'anniversaire d'Alma, c'était pas mal, mais ça aurait été encore mieux si cet obus n'était pas venu tout gâcher.

Ta Zlata.

Vendredi 18 septembre 1992

Dear Mimmy,

Tu vois, on tient la liste de tous les anniversaires, et on essaie d'oublier la guerre. On essaie d'égayer notre vie qui devient plus dure. Je me dis parfois que tout ça, ce n'est pas la vie, qu'on fait semblant de vivre.

On nous a recoupé l'électricité. BOUH ! SNIFF ! DE NOUVEAU LE NOIR ! QU'EST-CE QU'ON VA BIEN POUVOIR FAIRE ?

Zlata.

Samedi 19 septembre 1992

Dear Mimmy,

L'électricité est revenue hier soir. YESS !

Et on l'a... recoupée ce matin. BOUH ! MAIS ELLE REVIEN-DRA SÛREMENT CE SOIR. Pas de problème d'eau. (Je touche du bois — TRÈS FORT — pour que ça dure !)

YESS ! On a de l'électricité. Je cours voir *Drugi o nama*[1]. YESS !

Ta Zlata.

Dimanche 20 septembre 1992

Dear Mimmy,

YOUPI ! J'ai traversé le pont ! Je suis sortie ! Je n'ose pas y croire. Le pont, il est toujours pareil, il n'a pas changé. Mais il est d'un triste, à cause de la vieille poste, qui a l'air encore plus triste. Elle est toujours à la même place, mais le feu est passé par là. Elle est là, comme témoin d'une volonté grossière de destruction.

Les rues ne sont plus pareilles, il n'y a presque personne, les gens sont inquiets, tristes, tout le monde court en rentrant la tête dans les épaules. Les vitrines sont détruites et les magasins ont été pillés. Mon école a été touchée par un obus, l'escalier de derrière s'est écroulé. Le théâtre aussi a été atteint par ces sales obus, et bien

1. Émission de télévision dont le titre signifie approximativement : *Comment l'étranger nous voit.*

démoli. C'est effroyable le nombre de vieilles maisons de Sarajevo qui ont été démolies.

Je suis allée chez grand-père et grand-mère. Nous nous sommes serrés très très fort et couverts de baisers. Ils pleuraient de bonheur. Ce qu'ils ont pu maigrir et vieillir en quatre mois ! Ils m'ont dit que j'avais grandi, et que j'étais une grande jeune fille maintenant. C'est la nature. Les enfants grandissent, les vieilles personnes vieillissent. Enfin, ceux qui sont encore en vie.

Il y a des tas et des tas de gens et d'enfants de Sarajevo qui ne sont plus parmi nous. La guerre les a emportés. Des innocents, tous. Les victimes innocentes de cette sale guerre. Nous avons rencontré la mère de Marijana. Eux ne sont pas partis. Ils sont en vie et en bonne santé. Elle m'a dit qu'Ivana était partie à Zagreb — par le convoi juif[1].

Nous sommes allés aussi chez Doda (une amie). Elle a été surprise en me voyant. Et elle s'est mise à pleurer. Elle a dit que j'avais grandi. Slobo (son mari) a été blessé, mais maintenant ça va. Ils sont sans nouvelles de Dejan, leur fils. Doda se fait du mauvais sang.

Mimmy, je vais t'avouer quelque chose. Je m'étais « fringuée ». J'avais passé mon joli ensemble à carreaux. Mes souliers me serraient un peu, parce que mes pieds ont grandi, mais j'ai pu les supporter.

Et voilà, c'étaient mes retrouvailles avec le pont, la vieille poste, grand-père et grand-mère, mes retrouvail-

---

1. Convoi organisé par la Benevolencija, association juive de Sarajevo.

les avec Sarajevo la blessée. Que la guerre s'arrête, et ses blessures vont cicatriser. Ciao !

Zlata.

Lundi 21 septembre 1992

Dear Mimmy,

Je suis contente de m'être baladée hier dans les rues de Sarajevo, mais ça m'a rendue triste. Je vois encore mon école, la poste, les rues quasiment désertes, les passants inquiets, les magasins pillés.

Tu sais, j'ai bien dit à Bojana, Maja et Neda que j'avais revu notre école et tout le reste, car elles, elles sortent souvent. Moi, papa et maman ne voulaient pas me laisser sortir. Ils avaient peur. Mais c'est vrai qu'elles sont plus grandes.

Enfin, moi aussi, je peux dire maintenant que j'ai du courage. Le courage de me balader dans les rues de Sarajevo.

Hier, ils ont dit à la radio que la dernière ligne à haute tension avait été détruite ; elle alimentait la ville en énergie électrique. Ce qui veut dire que ce soir, il n'y aura pas de courant. Et que nous serons à nouveau dans le noir.

Ta Zlata.

Dear Mimmy,

QUEL MALHEUR ! Plus d'électricité, plus d'eau ! L'eau a été coupée ce matin. Les « Seigneurs » ont coupé la pompe à eau. QUEL MALHEUR !

Il y a une semaine, c'était l'anniversaire de Lela (une amie de Maja). Je m'étais fait couper les cheveux exprès.

Tu sais par quel coiffeur ? Alma, notre voisine, car les salons de coiffure n'ont toujours pas rouvert. Et les cheveux, ça pousse !

Il y a deux jours, c'était l'anniversaire d'Avdo (le père de Lela), mais ce jour-là, il y a eu des bombardements, et nous n'avons pas pu y aller. Je suis désolée, ce sont les seuls jours où tous les voisins peuvent se détendre un peu, se réunir dans la bonne humeur. Et c'est nettement plus agréable que de se retrouver comme d'habitude — dans la cave ! Voilà pourquoi j'aime tant les anniversaires.

Neda est venue nous voir aujourd'hui. Je crois bien qu'elle va partir à Zagreb. Début octobre, il y a un nouveau convoi juif. Elle va essayer de s'inscrire. Mon Dieu, Neda qui part maintenant. Maman a beaucoup de peine.

Zlata.

Mercredi 30 septembre 1992

Dear Mimmy,

Il n'y a pas de courant, et ça risque de durer pas mal de temps encore. Les piles sont mortes. Papa a apporté une batterie de voiture et branché la radio dessus. Comme ça, nous pourrons écouter les informations, mais pas de musique car il faut épargner la batterie.

On vient d'annoncer à la radio que des tas de gens de nationalités musulmane et croate ont été chassés de Grbavica. Nous attendons la famille de maman, les parents de Nedo et Lalo, notre ami.

Zlata.

Jeudi 1ᵉʳ octobre 1992

Dear Mimmy,

Après le printemps, après l'été, voici l'automne. Nous sommes déjà en octobre. Et la guerre continue. Les jours raccourcissent et sont de plus en plus froids. Bientôt, nous allons monter le vieux poêle ici, dans l'appartement. Mais avec quoi se chauffer ? Il n'y a donc personne qui pense à nous, ici à Sarajevo ? Nous allons vraiment devoir passer l'hiver sans eau ni gaz ni électricité, mais en pleine guerre ? ! Et pendant ce temps, les « chers bambins » discutent... Ils vont enfin parvenir à se mettre d'accord, oui ou non ? ! C'est vraiment à se demander s'ils pensent à nous quand ils discutent ou s'ils se fichent de nous et nous abandonnent à notre triste sort ? !

Papa fouille le grenier et la cave pour y trouver du bois. J'ai vraiment l'impression que certains meubles vont finir dans le poêle si rien ne change avant l'hiver. Et aussi, que tout le monde nous oublie, que cette folie va continuer. Nous ne pouvons compter que sur nous-mêmes, il ne nous reste qu'à trouver tout seuls le moyen de combattre l'hiver qui, Dieu du Ciel, lui aussi nous menace.

Maman est revenue de son travail complètement bouleversée. Elle a vu deux de ses collègues de Grbavica. C'est vrai que les gens sont chassés de là-bas. De la famille de maman, de celle de Nedo, de Lalo — aucune trace, aucune nouvelle. Nedo en devient maboul.

Ta Zlata.

Dimanche 4 octobre 1992

Dear Mimmy,

YESS ! Y a plus d'eau !

YESS ! Plus de courant !

YESS ! YESS ! YESS !

Mais qui qui est là ?

C'est Mirna,

Ma super, superamie

MIRNA!!

C'est incroyable ce que ses cheveux ont poussé. C'est une vraie créatrice de mode. Dans son quartier, il y a un dalmatien, qui s'appelle Gule. Elle n'a pas vraiment maigri. Plutôt grossi, même ! Une fois qu'on s'était embrassées, on ne savait plus quoi dire, ça faisait si longtemps qu'on ne s'était pas vues. C'est la guerre qui nous a séparées, alors on en a parlé. Mais l'important, c'était de nous retrouver. Je lui ai promis d'aller la voir cette semaine (si ça ne tire pas, bien sûr).

Dear Mimmy,
Zlata qui t'aime.

Lundi 5 octobre 1992

Dear Mimmy,

Grand-père et grand-mère se chauffent au gaz naturel. Grand-mère allait chez Neda faire la cuisine car elle avait une gazinière. Déjà qu'on n'avait plus d'eau, plus d'électricité, voilà que le gaz n'arrive plus non plus !

Ta Zlata.

Mercredi 7 octobre 1992

Dear Mimmy,

Neda est partie finalement. Tout le monde a de la peine, surtout maman. Neda nous manquera, mais il faut bien s'y faire : cette guerre nous sépare de nos amis. Combien de gens va-t-on voir partir encore ? Tu m'excuseras, Mimmy, mais j'ai du chagrin, et je n'arrive plus à écrire.

Zlata qui t'aime.

Dear Mimmy,

Voilà une journée dont on se souviendra dans la famille. Aujourd'hui, nous avons monté le vieux poêle dans la cuisine. On est drôlement bien, et au chaud. Papa, maman et moi, nous avons pu faire notre toilette. A l'eau de pluie, mais ça ne fait rien. Tout le monde est propre, et nous ne sommes plus gelés comme ces derniers jours.

Toujours pas d'électricité, ni d'eau.

Ta Zlata.

Dear Mimmy,

Je t'écris à la lumière de l'une de mes plus belles bougies. J'avais le cœur gros de m'en servir, mais il faut bien s'éclairer. Je suis allée chez Mirna aujourd'hui. Elle m'a montré ses créations et présenté Gule. Il est mignon, sauf qu'il n'a pas un poil sur le crâne.

J'ai passé deux heures merveilleuses. Une bonne nouvelle : LE GAZ EST REVENU !

YESS !

Zlata.

Vendredi 17 octobre 1992

Dear Mimmy,

De temps en temps, je retourne dans la chambre « dangereuse » où se trouve le piano et je fais des gammes. J'ai l'impression d'être avant la guerre. La Jahorina, la mer, Crnotina, mes amis, le bon temps qu'on avait, tout ça ressuscite. Je vais pleurer, j'ai des larmes qui coulent. Mon Dieu, tout ce que l'on m'a pris...

Mirna est venue aujourd'hui, YESS !

Toujours pas d'eau ni d'électricité, mais heureusement, le gaz est revenu. Comme ça, grand-père et grand-mère ont chaud aussi maintenant.

Ta Zlata.

Mercredi 21 octobre 1992

Dear Mimmy,

Aujourd'hui, c'est l'anniversaire de papa. Je lui ai offert un gros baiser et un « Joyeux anniversaire, papa ». Nous avons fait de petits gâteaux « à la Mirna[1] ».

Mimmy, je vais t'expliquer quelque chose : comme tu sais, tous les jours (ou presque), je t'écris. Alors, pour les cours d'été à la Collectivité locale, tu es au courant. On se rencontrait, on faisait du théâtre, on récitait, et, le plus intéressant, on écrivait aussi. C'était géant ! Jusqu'à l'explosion de ce fichu obus et la mort de notre copain ELDIN.

---

1. En français dans le texte.

Maja continue de travailler avec notre professeur Irena Vidović. Un jour, tu sais ce que Maja m'a demandé ?

« Tu tiens un journal, Fipa ? (C'est mon surnom.)
— Oui, j'ai répondu.
— Tu y racontes tes petits secrets ou la guerre ?
— Maintenant, la guerre.
— Fipa, qu'elle m'a dit, t'es divine ! »

Elle a dit ça parce qu'on voulait publier un journal d'enfant. Et ce journal, ce serait, ça pourrait être le mien. C'est-à-dire, TOI, MIMMY ! Je t'ai donc recopiée dans un autre cahier, et toi, Mimmy, tu es allée au Conseil municipal pour qu'on te lise.

On vient de me prévenir, Mimmy, tu vas être publiée. Pour la semaine de l'UNICEF, on va éditer un livre. Écrit par moi ! C'EST GÉNIAL. Tout simplement génial.

Une autre super bonne nouvelle maintenant — l'électricité est revenue.

Eh non, il est 17 h 45, et l'électricité a été recoupée. Samra dit que ça va revenir. Pourvu qu'elle ait raison. Ciao !

Zlata.

Samedi 24 octobre 1992

Dear Mimmy,

Tu connais Lalo et Alma. Ils sont de Grbavica, la partie occupée de Sarajevo. Lalo était de corvée avec d'autres prisonniers comme lui. Un jour, ils ont dû aller ramasser les corps de tchetniks morts. Et ils ont été arrêtés par les « nôtres » qui les ont mis en prison et relâchés seulement au bout de plusieurs jours car ils les trouvaient suspects. C'est comme ça que Lalo se trouve à Sarajevo chez sa mère, alors que sa famille est restée là-bas. Il cherchait un moyen de faire sortir Alma et les enfants de Grbavica lors des échanges, et... et... et... IL A RÉUSSI ! C'EST SUPER !

Ta Zlata.

Lundi 26 octobre 1992

Dear Mimmy,

Aujourd'hui, nous sommes allés voir Alma, Anja et Maja (la femme et les filles de Lalo). Elles sont maintenant près de chez nous, à Zvijezda[1]. Elles sont encore sous le choc, même si tout s'est bien terminé. L'essentiel, c'est qu'ils se soient retrouvés. Ils sont tristes d'avoir tout laissé à Gbravica. Anja est une toute petite fille, et elle demande sans arrêt quand ils vont rentrer à leur maison. Que lui répondre, elle ne comprend rien à ce qui se passe. Elle réclame ses poupées, son lit. C'est franchement horrible !

Zlata.

---

1. Quartier de Sarajevo.

Dear Mimmy,

Chez les Bobar, Maja et Bojana pourraient partir en Autriche, ils en parlent. Non, ce n'est pas possible !... Elles vont donc m'abandonner, elles aussi ? Je n'ose pas y penser. Ça ne leur plaît pas trop à elles. On verra bien. Il paraît qu'un nouveau convoi juif quitterait Sarajevo.

Ta Zlata.

Jeudi 29 octobre 1992

Dear Mimmy,

Maman et la tante Ivanka (une collègue de travail de maman) ont été acceptées pour un stage en Hollande. Elles ont reçu une lettre de garantie, et je dois les accompagner. Quel dilemme pour maman. Si elle accepte, elle laissera ici papa, ses parents, son frère. Je trouve que c'est une décision très difficile à prendre. Quand j'y réfléchis, je suis contre. Et l'instant d'après, je pense à la guerre, à l'hiver, à l'enfance qu'on m'a volée, et je souhaiterais partir. Puis je pense à papa, à grand-père et grand-mère, et alors, je n'ai plus du tout envie de partir. C'est très difficile d'être raisonnable. Je suis très énervée, Mimmy, je n'arrive plus à écrire.

Ta Zlata.

Dear Mimmy,

Maman a pesé le pour, pesé le contre avec papa, grand-père et grand-mère, avec moi, et elle a décidé de partir. Ce qui la pousse à partir... c'est MOI. Tout ce qui se passe à Sarajevo, c'est déjà trop pour moi, et avec l'hiver qui arrive, ça va être encore pire. Bon, d'accord. Mais quand même... Et puis si, il vaut mieux que je parte. Je n'en peux vraiment plus. J'ai parlé avec la tante Ivanka aujourd'hui, et elle m'a dit que c'était surtout les enfants qui souffraient de cette guerre, qu'il fallait absolument les en sortir. Papa tiendra le coup, et peut-être même qu'il réussira à nous rejoindre. Ciao !

Zlata.

Vendredi 6 novembre 1992

Dear Mimmy,

Maman et la tante Ivanka se démènent pour avoir les papiers, car pour quitter Sarajevo, il en faut une montagne avec des tas de signatures. Maintenant, c'est certain : Maja et Bojana vont partir en Autriche. Elles sont inscrites pour le convoi juif. Peut-être qu'on partira par le même convoi.

Zlata.

Vendredi 13 novembre 1992

Dear Mimmy,

Nous sommes allés chez les Bobar. Maja et Bojana font leurs valises. Elles partent demain. Tout le monde était triste. Et très ému. Il y a eu des larmes.

Tu imagines, Mimmy, faire ses valises — pour un si long voyage — à la lumière d'une bougie ? On croit voir ce que l'on fait, mais on ne voit pratiquement rien. Enfin, je suppose qu'elles ont quand même pu prendre le nécessaire. Demain, on les accompagnera. Le convoi s'en va à 9 heures.

Maman n'a pas réussi à se procurer tous les papiers, nous restons. Nous partirons par un autre convoi.

Zlata.

Dimanche 15 novembre 1992

Dear Mimmy,

C'est effroyable le nombre de gens qui ont quitté Sarajevo. Tous les gens célèbres. « C'est Sarajevo qui part », a dit maman. Et des tas de gens que papa et maman connaissaient. Nous avons parlé avec beaucoup, et au moment de partir, ils ont dit : « On se reverra sûrement un jour, quelque part. » C'était triste. Triste et émouvant. On se souviendra de ce 14 novembre 1992 à Sarajevo. Ça me rappelle les films que j'ai vus sur les Juifs pendant la Seconde Guerre mondiale.

Quand nous sommes rentrés à la maison, il y avait de l'électricité. Papa est aussitôt descendu à la cave avec sa scie électrique pour couper du bois. Tout à coup, on l'a vu remonter en courant, les mains pleines de sang. Ça coulait à flots. Maman l'a tout de suite emmené au centre de secours, et de là, ils ont dû aller à l'hôpital. Là, on l'a recousu et on lui a fait une piqûre antitétanique, et il doit passer une visite de contrôle tous les trois jours. Il a eu de la chance. Il aurait pu avoir le doigt coupé. Un instant de distraction, il a dit, car dans sa tête il était toujours devant le bâtiment de la Communauté juive d'où les gens quittent Sarajevo. Les gens connus partent, et notre ville perd un tas de gens formidables qui avaient fait de Sarajevo ce qu'elle était. C'est la guerre qui les chasse, c'est la bêtise qui règne ici depuis plus de sept mois et demi.

UN JOUR EFFROYABLEMENT PÉNIBLE.

Zlata qui t'aime.

Mardi 17 novembre 1992

Dear Mimmy,

Comme tu vois, je reste seule, sans Maja ni Bojana. Elles me manquent terriblement. Par bonheur, Nedo est resté. Il essaie de me consoler et s'efforce de les remplacer toutes les deux à lui tout seul. Et il y a encore Cici aussi. Elle aussi avait du chagrin, on aurait dit qu'elle sentait bien que Maja et Bojana n'étaient plus là. A sa façon, elle met un peu de soleil dans ces tristes journées.

Zlata.

Dear Mimmy,

En politique, rien de neuf. On vote des résolutions, ces « chers bambins » discutent, et pendant ce temps, nous mourons, nous gelons, nous mourons de faim, nous disons adieu à nos amis, nous laissons ceux qui nous sont le plus cher.

Je cherche tout le temps à comprendre cette connerie de politique, car j'ai vraiment l'impression que c'est elle qui a provoqué la guerre, et que c'est à cause d'elle que la guerre est notre vie de tous les jours. La guerre a supprimé le temps qui passe, elle l'a remplacé par l'horreur, et aujourd'hui, ce n'est plus le temps qui passe, mais l'horreur. J'ai l'impression que la politique, ça veut dire des Serbes, des Croates, des Musulmans. Des hommes. Qui sont tous les mêmes. Qui se ressemblent tous. Qui n'ont pas de différences. Qui ont tous des bras, des jambes, une tête, qui marchent, qui parlent, mais que « quelque chose » cherche absolument à rendre différents les uns des autres.

Dans mes camarades, dans nos amis, dans notre famille, il y a des Serbes, des Croates, des Musulmans. Ça forme un groupe de gens très mélangé, et je n'ai jamais su qui était serbe, qui était croate, qui était musulman. Aujourd'hui, la politique a mis le nez là-dedans. Elle a inscrit un « S » sur les Serbes, un « M » sur les Musulmans, un « C » sur les Croates. Elle veut les séparer. Et pour écrire ces lettres, elle a pris le pire, le plus noir des crayons. Le crayon de la guerre, qui ne sait écrire que malheur et mort.

Pourquoi la politique nous rend-elle malheureux,

pourquoi veut-elle nous séparer, alors que, tout seuls, nous savons qui est bon, et qui ne l'est pas ? Les bons, on les fréquente, les mauvais, non. Dans les bons, on trouve et des Serbes et des Croates et des Musulmans. Et dans les mauvais, les premiers sont aussi nombreux que les deuxièmes et que les troisièmes. D'accord, je ne comprends rien, c'est vrai que je suis « petite », et que la politique, c'est l'affaire des « grands ». Mais j'ai quand même l'impression que la politique, les « petits » la feraient mieux. Nous, on n'aurait sûrement pas choisi la guerre.

Les « chers bambins » s'amusent, et c'est à cause de ça que nous, les enfants, on ne peut pas s'amuser ; à cause de ça qu'on meurt de faim, qu'on souffre, qu'on ne peut pas profiter du soleil, des fleurs — à cause de ça qu'on ne peut pas profiter de notre enfance. À CAUSE DE ÇA QU'ON PLEURE.

J'ai fait un peu de philosophie, mais j'étais seule et j'ai senti qu'à toi, Mimmy, je pouvais dire tout ça. Toi, tu comprendras. Heureusement que je t'ai, que je peux t'écrire.

Zlata.

Vendredi 20 novembre 1992

Dear Mimmy,

Doda est partie aussi, par le convoi slovène[1]. Nous, on n'a pas réussi à s'inscrire. Je suis allée chez Mirna

---

1. Convoi organisé par le gouvernement slovène.

aujourd'hui. Sa mère essaie de se trouver un convoi également. Mirna l'accompagnera alors en Slovénie ou sur l'île de Krk[1]. Maman a rencontré la mère de Marijana — eux partent à Zaostnog[2]. En gros, tout le monde attend un convoi.

Mirna viendra me voir lundi (si ça ne tire pas évidemment). On s'est mises d'accord : à partir de maintenant, elle viendra ici le lundi, et moi, j'irai chez elle le vendredi. A une condition — que ça ne tire pas. CESSEZ LE FEU !

Ta Zlata.

Mercredi 25 novembre 1992

Dear Mimmy,

Réellement, ça tire moins.

J'entends des ronflements de scie électrique. L'hiver et les coupures d'électricité ont condamné à mort les arbres centenaires qui ornaient les allées et parcs de Sarajevo. J'étais triste aujourd'hui. Je ne pouvais pas supporter de voir disparaître les arbres de mon parc. On les a condamnés à mort. Mon Dieu, tout ce qu'il a subi, mon parc ! Les enfants l'ont quitté, Nina l'a quitté pour toujours, et voilà que les tilleuls, les bouleaux, les platanes le quittent aussi pour toujours. Quelle tristesse !... Je n'ai pas pu regarder. Et je ne peux plus écrire.

Zlata.

---

1. Île du nord de l'Adriatique.
2. Sur la côte Adriatique.

Dear Mimmy,

Il fait froid. Le bois manque, alors nous l'épargnons.

On en trouve au marché, mais comme tout le reste, il s'achète en deutsche Mark, et c'est terriblement cher. J'ai comme l'impression que ce bois provient en partie des tilleuls, des bouleaux et des platanes de mon parc. Leur prix aujourd'hui se paie en devises.

Braco Lajtner nous rend visite tous les jours. On déjeune ensemble, et comme il est seul, il reste avec nous jusqu'à la nuit tombée. Alors il retourne chez lui. Une maison vide et froide. Que c'est pénible !

Maman continue d'aller chercher de l'eau, et quand il pleut, nous recueillons l'eau de pluie. Elle est la bienvenue.

Les jours raccourcissent vraiment, il fait noir de plus en plus tôt. A la lumière d'une bougie, papa, maman et moi, on joue aux cartes, ou alors on lit ou on parle ; vers 21 heures, arrivent Boda, Žika et Nedo pour écouter RFI, et la journée se termine ainsi. Les autres journées se passent presque toutes de la même façon. Ciao !

Zlata.

Jeudi 3 décembre 1992

Dear Mimmy,

Aujourd'hui, c'est mon anniversaire. Mon premier anniversaire de guerre. Douze ans. Félicitations, Zlata. Et Joyeux anniversaire.

La journée a commencé par des baisers et des souhaits. D'abord, papa et maman, puis les autres. Papa et maman m'ont offert trois pochettes chinoises — avec un motif à fleurs !

L'électricité était coupée, comme d'habitude. Tante Melica est venue avec ses enfants (Kenan, Naida, Nihad), ils m'ont offert un livre. Braco Lajtner aussi, évidemment. Et ce soir, tous les voisins. J'ai eu des chocolats, des vitamines, un savon en forme de cœur (de couleur légèrement orange), un porte-clés avec la photo de Maja et Bojana, un pendentif avec une pierre de Chypre, une bague (en argent) et des boucles d'oreilles (juste ce que je voulais).

On avait fait une jolie table, et disposé des petits croissants, des panzerotti[1], de la salade de riz au poisson, de la mileram[2] (de feta), de la charcuterie en conserve, de la pita et, bien sûr, le gâteau. Mais ce n'était pas comme d'habitude. C'est la guerre. Par chance, ça ne tirait plus, et nous avons pu fêter ça.

C'était bien, mais quelque chose manquait. Il manquait la paix !

Ta Zlata.

Vendredi 4 décembre 1992

Dear Mimmy,

C'est terrible de qui se passe à Otes. Tout brûle. On entend gronder le canon d'ici, sans arrêt, alors que nous

1. Gros macaroni préparés à la façon romaine.
2. Sorte de crème amère.

sommes à dix kilomètres. Il y a plein de civils parmi les victimes. Nous sommes inquiets pour Oncle Braco, Tante Seka, Mikica et Dačo. Maman a l'oreille collée au poste de radio. Oncle Braco nous a appelés du centre de presse hier soir. Que va-t-il leur arriver ? Jusqu'à présent, là-haut, tout allait super bien. Pas de combats, ils avaient de quoi manger, on n'aurait jamais cru que c'était la guerre. On ne peut jamais dire ni où ni à quel moment cette sale guerre va se mettre à gronder.

Zlata.

Dimanche 6 décembre 1992

Dear Mimmy,

Une triste, triste nouvelle. Tout Otes est en ruine, détruit par les flammes. Tout a brûlé. Les gens sont morts, ont fui, sont morts en fuyant, ou sont restés ensevelis sous les décombres sans que personne puisse leur porter secours. Des parents ont perdu leurs enfants, des enfants leurs parents. C'est l'horreur. A nouveau l'horreur, l'épouvante.

Par chance, Oncle Braco, Tante Seka, Mikica et Dačo ont réussi à s'en sortir sains et saufs. Quelqu'un a pris Tante Seka, Mikica et Dačo en voiture, et Oncle Braco s'est enfui à pied. Il a réussi à courir malgré sa jambe, même s'il est tombé plusieurs fois. Il s'est caché, puis il a traversé la rivière Dobrinja à la nage et il a pu enfin arriver à RTV.

Il s'était enfui avec Miša Kučer (son meilleur ami, tous deux donnaient des informations depuis Otes). A un moment, Miša a été touché et il est tombé, mort. Il est resté là-bas à tout jamais. Oncle Braco n'a eu que le temps de tirer son corps jusqu'à une maison, puis il a dû s'enfuir pour ne pas se faire tuer. C'est terrible. Terrible de se sentir impuissant et de ne pas pouvoir aider son ami. Oh, mon Dieu !... Mon Dieu qui êtes si bon, qu'est-ce qui nous arrive ?... Ça va durer encore combien de temps ?

Ta Zlata.

Jeudi 10 décembre 1992

Dear Mimmy,

Oncle Braco et sa famille sont donc sur la liste des centaines de familles de Sarajevo qui ont tout perdu, absolument tout. Tout a été détruit. Mais ils ont eu la vie sauve. C'est l'essentiel.

Ils habitent chez la mère de Tante Seka. Ils sont venus nous voir. Ils avaient du chagrin, ils pleuraient. C'est terrible ce qu'ils ont vécu. Ils ont besoin de paix et de repos. Mais comment trouver cela ici ? Nous les aiderons comme nous pourrons. Maman leur a donné pas mal de vêtements, car il fait froid, et ils n'ont rien. Les autres aussi les ont aidés. Et ils les aideront encore. Quel bonheur qu'il existe encore des braves gens toujours prêts à tendre la main à ceux dans le malheur.

C'est Oncle Braco qui a le plus de chagrin. Il pleurait en nous racontant pour Miša. C'est effroyable !

Zlata, qui t'aime.

Dear Mimmy,

Ces derniers jours, je ne quitte plus Mikica et Dačo. j'essaie de les aider à oublier les horreurs qu'ils ont vécues. Mais ils n'y parviennent pas. Ils y repensent tout le temps. Ils repensent aux bombardements, aux destructions, au feu. Eux aussi, tout ce qu'ils avaient a disparu dans les flammes. Leurs jouets, leurs livres, leurs images, leurs souvenirs. Dačo regrette surtout sa collection de Alf. Et Mikica, tu sais ce qu'elle dit ? « Quand je vois ou je parle de quelque chose, je me dis : "Ça je l'ai", et aussitôt, je reviens sur terre — non, je ne l'ai pas, je n'ai plus rien... » C'est vraiment insupportable. Mais nous ne pouvons rien faire. La guerre nous a pris, elle ne nous lâche plus.

Zlata.

Vendredi 18 décembre 1992

Dear Mimmy,

Maman a rencontré Biljana Čanković (mon professeur de piano) aujourd'hui. Elle se plaint de devoir assurer ses cours à l'école, et de n'avoir pas d'élèves. Assurer des cours quand on n'a pas d'élèves !...

Forcément, des tas d'enfants ont quitté Sarajevo, et pour ceux qui restent, circuler en ville, c'est dangereux car les obus tombent sans qu'on s'y attende. Il se pourrait donc bien que Biljana Čanković perde son travail parce qu'il n'y a personne à ses cours. C'est stupide. Franchement ridicule.

Maman lui a dit qu'elle irait voir la directrice lundi. J'espère qu'il en sortira quelque chose.

Pour terminer, une super nouvelle : Mirna va venir me voir et passer la nuit ici.

Zlata qui t'aime.

Mercredi 23 décembre 1992

Dear Mimmy,

Il y a DU NOUVEAU ! Je retourne aux cours de musique. En fait, non : mon prof va venir chez nous car c'est trop dangereux pour les enfants de sortir dans la rue. Mirna s'est inscrite aussi. On commence lundi. J'ai le trac. Allez, Ciao !

Ta Zlata.

Vendredi 25 décembre 1992

Dear Mimmy,

C'est Noël. Un Noël de guerre. Les gens ont quand même essayé d'en faire une belle fête pour les enfants.

La tante Radmila m'avait inscrite parmi les enfants de Caritas. Et, grâce à elle, je suis allée à l'Arbre de Noël dans les locaux de la FORPRONU[1] — la poste centrale.

---

1. Force de protection des Nations unies.

Et le plus marrant, c'est qu'on a fait la route dans un transporteur de troupes — oui, un vrai, tout ce qu'il y a de plus vrai !

En chemin, j'ai aperçu les bâtiments de Vodoprivreda (enfin ce qu'il en reste après l'incendie), dó Elektroprivreda (horrible, avec toutes ses blessures), dó UNIS[1] (brûlé, complètement), d'*Oslobodjenje*[2] (sinistre), et la vieille Manufacture des Tabacs (un brasier). Je n'en croyais pas mes yeux. Sarajevo est couverte de blessures, pour ne pas dire détruite.

A l'Arbre de Noël, on a vu Tifa, Goga Magaš, cinq filles et un garçon qui ont dansé un truc nul avant de fumer une cigarette, Alma, celle qui fait toujours Waouaaa !... quand elle chante, et des autres vedettes.

Ensuite sont arrivés les cadeaux et les friandises. Les enfants se sont bousculés, presque battus. Je n'ai pas eu la chance d'être servie car je ne voulais pas me battre pour avoir quelque chose. Qu'est-ce que tu veux ? Je suis une enfant sage et bien élevée. Madame Zlata... a fait tintin ! Les soldats français ont alors chanté. Magnifique. On était partis à midi, et on est revenus à 17 heures. Il était trop tard pour rentrer à la maison, alors j'ai dormi chez grand-père et grand-mère.

Je suis encore chez eux. Il fait bon. Je leur raconte tout ce que j'ai vu. Grand-mère fait des crêpes. Je me régale ! Ciao.

Zlata.

---

1. La principale compagnie industrielle de Bosnie.
2. *Libération :* le premier quotidien de Bosnie-Herzégovine.

Samedi 26 décembre 1992

Dear Mimmy,

Nous sommes allés chez la tante Radmila pour Noël. Elle nous a super bien reçus, il y avait des tas de choses. J'ai même eu un petit cadeau. Ensuite, on a voulu rendre visite à Braco Lajtner, mais il n'était pas là. On n'a trouvé que Vilma (c'est sa tante, il l'a prise chez lui pour l'hiver) et la tante Mikica, sa voisine, qui était aussi la meilleure amie de sa mère. Elle n'avait rien pour se chauffer, Braco a eu pitié d'elle, et il l'a prise aussi chez lui. Tu sais quel âge elle a ? Quatre-vingt-sept ans. Mais tu verrais la forme qu'elle tient !

Zlata.

Lundi 28 décembre 1992

Dear Mimmy,

J'en ai fait des pas ces derniers jours !

Aujourd'hui, je suis restée à la maison. J'ai eu mon premier cours de piano. Nous nous sommes embrassées, serrées très fort, Biljana Čanković et moi, nous ne nous étions pas revues depuis le mois de mars. Puis nous sommes passées à Czerny, Bach, Mozart et Chopin — une étude, une fugue, une sonate et une pièce. C'était dur. Mais, comme je ne vais plus à l'école, je vais pouvoir m'y consacrer. Ça me fait bien plaisir. Tu sais, Mimmy, à l'école de musique, je suis en cinquième année.

Nous n'avons pas d'eau, et du courant, comme ci comme ça.

114

Quand je sors et que ça ne tire pas, j'ai l'impression que la guerre est finie, mais les coupures d'eau et d'électricité, le noir, l'hiver, le manque de bois et de nourriture me ramènent à la réalité et je réalise alors que la guerre est toujours là. Et pourquoi ? Pourquoi ces « chers bambins » ne se mettent-ils pas d'accord ? Ils s'amusent vraiment. Avec nous.

Je t'écris assise à la table, ma chère Mimmy, et je vois papa et maman. Ils lisent. Quand ils lèvent les yeux de leur livre, ils réfléchissent. A quoi pensent-ils ? Au livre qu'ils sont en train de lire, ou alors ils essaient de recoller les morceaux que la guerre a éparpillés ? Mais de les voir comme ça, ça me fait un drôle d'effet. A la lumière de la veilleuse (nous n'avons plus de bougies, alors nous faisons des veilleuses avec de l'huile), ils me paraissent de plus en plus tristes. Je regarde papa. Ce qu'il a maigri ! Il a perdu vingt-cinq kilos d'après la balance, mais à le voir comme ça, j'ai l'impression que ça doit être plus encore. On dirait même que ses lunettes sont devenues trop grandes pour son visage. Maman aussi a bien maigri. On dirait qu'elle s'est tassée, la guerre a creusé des rides dans son visage. Mon Dieu, ce que cette guerre a fait de mes parents !... Ils ne ressemblent plus à mon père et à ma mère. Est-ce que tout ça va s'arrêter un jour, nos souffrances vont-elles bientôt prendre fin pour que mes parents redeviennent ce qu'ils étaient — des gens joyeux, souriants, élégants ?

Cette stupide guerre détruit mon enfance, elle ruine la vie de mes parents. Mais POURQUOI ?! STOP THE WAR ! PEACE ! I NEED PEACE !

Allez, je vais faire une partie de cartes avec eux !

Zlata qui t'aime.

Dear Mimmy,

Demain soir, c'est le réveillon, on va quitter l'Ancienne Année et entrer dans une Nouvelle Année. Partout dans le monde. Je revois les réveillons précédents, j'essaie d'imaginer comment ça va se passer dans le monde normal. Mais ici... à Sarajevo ?!?!

A Sarajevo, on attend avec impatience la Nouvelle Année pour oublier au plus vite la précédente, et on espère que ce sera une année de paix. Voilà ce que souhaitent les habitants de Sarajevo (des innocents). C'est justement parce que nous sommes innocents qu'il faudrait que notre souhait soit exaucé. Nous ne méritons plus de souffrir ce martyre.

Zlata.

Vendredi 1er janvier 1993

Dear Mimmy,

BONNE ET HEUREUSE ANNÉE !

Que l'année nouvelle t'apporte la paix, le bonheur, l'amour, que familles et amis soient réunis.

Voici comment nous avons passé le réveillon.

D'abord, hier matin, on est allés (papa, maman et moi) souhaiter l'anniversaire de Tante Melica. On a déjeuné chez elle. On est repartis avec un cadeau de Nouvel An : un pot de carottes râpées en conserve.

Une fois à la maison, maman est allée chercher l'eau, et papa et moi, on est restés tous les deux. Maman remontée, on est restés sans rien faire, puis on a préparé des sandwichs (maman avait eu un petit colis à son travail, avec de la margarine). Des sandwichs à la margarine, au kajmak[1] et au pâté. Extra ! M-MIAM !

Vers 8 heures, on a fait un petit somme. La tante Boda est alors arrivée, elle a fait lever tout le monde, et on s'est retrouvés chez elle. On y a mangé de la Čurka (du corned-beef) et du vrai emmenthal. Vers 10 heures, on commençait à s'endormir, alors quelqu'un a eu l'idée d'allumer la radio. On a entendu les SURRÉALISTES[2]. Tout le monde avait envie de dormir. Petit à petit, on est arrivés à MINUIT. Žika a débouché une bouteille de champagne (il la gardait pour la fin de la guerre, mais comme elle ne vient pas, il l'a ouverte aujourd'hui), et tout le monde s'est embrassé (la grand-mère, Žika, Boda, papa, maman, Cici et moi). Il manquait Nedo, mais il réveillonnait chez des amis. Papa et maman m'ont offert un peigne et une pince à cheveux, les Bobar un œuf qui fait de la musique (il y a un mécanisme à l'intérieur), et de la SLIME. Maman a eu un peu de dissolvant des Bobar, et nous, on leur a fait cadeau de quelques pommes de terre, d'oignons et de chou blanc. Et hop là !

On en a eu jusqu'à 1 heure et demie du matin. On était morts de fatigue en rentrant. Le temps de se retourner, il était déjà 2 heures. Après, on a dormi comme des loirs.

Encore une fois, je te souhaite à toi Mimmy, et à tous les habitants de Sarajevo une Bonne et Heureuse Année.

Zlata, qui t'aime.

_____
1. Crème fraîche amère.
2. Mouvement artistique de Sarajevo.

Dear Mimmy,

Nous avons reçu aujourd'hui un colis de Neda, de Zagreb. Il est parvenu par l'Église adventiste. Dedans, il y avait toutes sortes de choses. Ça nous a fait bien plaisir, et en même temps, de la peine. Moi, je me suis régalée avec les mandarines, le chocolat et le pot de Nutella.

La tante Irena, le professeur qui nous donnait des cours d'été, continue de s'occuper de nous. Avant, elle nous apportait un peu de bonne humeur, et maintenant, elle a réussi par l'UNICEF, à nous obtenir des pantalons Thermolactyl et des pulls. Elle m'a apporté les miens aujourd'hui. Le pantalon est rouge, et le pull, rouge à rayures blanches. Merci, tante Irena. Merci, l'UNICEF. Ciao.

Zlata.

Dear Mimmy,

Il fait horriblement froid. L'hiver s'est carrément installé dans notre ville. Moi qui aimais tant l'hiver et qui attendais impatiemment qu'il vienne, je le considère maintenant comme un hôte indésirable à Sarajevo.

Nos plantes ont gelé. Elles étaient dans les pièces où on ne fait pas de feu. Nous vivons maintenant dans la cuisine. On charge le poêle, et on réussit à faire monter le thermomètre à 17°. On a pris Cicko avec nous. J'ai peur qu'il tombe **malade**, car un oiseau, ça craint le froid.

On a apporté aussi les matelas de yoga et on dort dans la cuisine (je ne te dis pas le nombre de pulls et de maillots que l'on enfile par-dessus nos pyjamas). Maintenant, la cuisine nous sert, et de cuisine, et de salon, et de chambre, et de salle de bains. Pour la toilette, c'est plutôt original : on étend des plastiques, une cuve de bois remplace la baignoire, et une cruche, la douche, et le tour est joué.

Papa a attrapé des engelures à scier du bois dans la cave glacée. Ses doigts sont tout gonflés. Et il doit se les masser avec une crème, et ça le démange horriblement. Pauvre papa.

Demain, j'irai certainement chez grand-père et grand-mère. Ils se chauffent au gaz.

Zlata.

Vendredi 8 janvier 1993

Dear Mimmy,

A Genève, les « trois parties belligérantes » discutent. Je ne crois pas à un accord. Je ne fais plus confiance à personne.

L'eau, l'électricité, toujours pas.

Demain, Mimmy, je vais chez ma prof responsable (elle est à la retraite maintenant) faire des maths avec Mirna. On a révisé toutes les deux, mais je crois qu'on a pas mal oublié. On verra demain.

Demain aussi, maman et la tante Ivanka vont à l'Holiday Inn pour voir pour le convoi Slovène. Peut-être qu'on partira par ce convoi-là.

Et maintenant, le plus chouette. La tante Boda a reçu hier une lettre de Maja et Bojana. YOUPI !!! Je l'ai lue aujourd'hui. Elles sont super bien. Dans une belle villa de 700 m^2. Elles vont à l'école. Elles mangent toutes sortes de bonnes choses — des tomates, des fricandelles[1], du camembert — MIAM ! Elles pensent beaucoup à nous, et elles sont bien tristes.

Zlata.

Samedi 9 janvier 1993

Dear Mimmy,

Ils ont tué le mari de ma prof de techno, le vice-président de la République Hakija Turaljić. Tout le monde dit que c'était un homme merveilleux. Quel gâchis !

Le cours de maths chez ma prof responsable, c'était bien. On a fait trois nouvelles leçons : les moyennes arithmétiques, les proportions et les pourcentages.

Pas d'eau, pas d'électricité.

Zlata.

---

1. Saucisses à base de viande de poulet.

Dear Mimmy,

Il neige. Un vrai jour d'hiver. Des flocons énormes. Si au moins je pouvais sortir un peu faire de la luge, puisque je ne peux pas monter à la Jahorina. Mais c'est la guerre, Zlata ! C'est interdit par la guerre. Tu dois rester à la maison, regarder danser les flocons et être contente comme ça. Ou alors, dans ta tête, retrouver le temps d'avant, te donner un instant de bon temps, puis revenir à la réalité de la guerre.

Je regarde les gens qui traînent de l'eau. Voilà à quoi servent les luges maintenant. Les nôtres sont restées là-haut, à la Jahorina, alors on se sert de celles de la tante Boda.

Dieu merci, ce coup-ci, nous ne sommes pas restés longtemps à la cave. Ça tire moins. Sinon, en bas, on aurait gelé. Peut-être qu'ils pensent un peu à nous, après tout.

Zlata.

Vendredi 15 janvier 1993

Dear Mimmy,

Tu sais, la guerre, ça continue. Mais, en plus, je suis malade. Bou-ouh. Hier, j'avais mal à la gorge, mais pas de fièvre. Le soir, je me suis mis de la pommade à la gorge, ça ne me faisait plus mal, mais j'avais soit 37°5, soit 38°, soit 38°5. Et le cours de mathématiques, demain ? SNIFF !

Mirna est venue me rendre visite. Elle ne s'est pas approchée.

Zlata.

Dimanche 24 janvier 1993

Dear Mimmy,

Ma petite grippe, c'est fini. J'ai pu aller au cours de maths hier. Ça va. Bon, autre chose. Le courant est revenu. Mais seulement pour les utilisateurs prioritaires, et nous n'en sommes pas. L'un de nos voisins, lui, si. Il branche des fils et nous donne du courant. On peut faire un peu de chauffage, allumer la cuisinière et préparer des choses, et regarder la télé. On est super bien ! Et il y a de l'eau aussi. Les gens de Sarajevo, un rien les rend heureux. Ciao.

Zlata.

Mardi 26 janvier 1993

Dear Mimmy,

Je me prépare pour aller à l'anniversaire de Nejra. J'ai mis mes chaussures noires (des grosses, bien sûr), mon col roulé rouge, une chemise blanche par-dessus, ma jupe écossaise et mon pull rouge à grosse mailles. Comme tu vois, je me suis fringuée.

C'était un bel anniversaire. On a offert à Nejra un « Jeannot lapin ». Tous les copains du quartier étaient là.

Mimmy, tu as remarqué que je ne te parle plus du tout de la guerre et des bombardements. C'est sûrement parce que c'est la routine maintenant. Tout ce que je demande, c'est que les obus ne tombent pas à cinquante mètres de chez nous, qu'on ait du bois, de l'eau et, bien sûr, de l'électricité. Je m'y suis faite, je n'arrive pas à y croire, mais pourtant on dirait bien que si. La routine, la lutte pour la vie, autre chose ? je n'en sais rien. Ciao.

Zlata.

Lundi 1er février 1993

Dear Mimmy,

On est en février. Dans trois jours, nous aurons vécu dix mois d'enfer, de sang, de terreur. Aujourd'hui, c'est l'anniversaire de Kenan. On ne peut pas y aller car ça tire à nouveau. Je pensais que ça allait s'arrêter, mais non, la guerre continue.

Zlata.

Vendredi 5 février 1993

Dear Mimmy,

Aujourd'hui, on a fêté ensemble les anniversaires de Žika, et de Bojana. (Aujourd'hui, c'est celui de Bojana, Žika, c'était le 2 février.) J'essaie d'imaginer comment c'était l'anniversaire de Bojana Bobar en Autriche. Sûrement pas avec des veilleuses, des sandwichs au corned-beef et à la feta, des galettes, du thé, du massepain fait avec de la farine, et des hurmašice de guerre, comme ici.

Nous n'avons pas de nouvelles de Maja et de Bojana. J'espère qu'elle vont bien. Je fais des exercices de maths, ou de la musique. Mirna est impatiente d'avoir fini sa cinquième à l'école, et sa quatrième et d'arriver en troisième. Elle aurait l'impression d'être plus grande. Moi, je ne sais pas. Ce que je sais, par contre, c'est que la guerre nous a volé des années de notre vie et de notre enfance.

En plus de Braco Lajtner, Seka (la sœur de Bokica) vient chez nous elle aussi. Elle n'a rien pour se chauffer, alors elle passe le temps avec nous jusqu'à la nuit tombée, puis elle rentre. Plusieurs fois, elle a même dormi chez nous.

Zlata.

Lundi 8 février 1993

Dear Mimmy,

Bajo et Goga viennent nous voir. Ce sont des amis. Leur fille Tia a seize ans. Elle est en Tchécoslovaquie. Ils sont seuls. De temps en temps, ils ont des nouvelles par les radioamateurs, mais c'est rare qu'ils reçoivent une lettre. Et ça les rend tristes. Une lettre, ici, c'est un véritable trésor, une grande joie, même si toutes celles que l'on reçoit nous font venir des larmes. Ils reçoivent des colis du frère de Bajo à Belgrade, et à chaque fois, ils apportent de la viande pour moi et offrent à papa et maman des cigarettes et du café. Ça leur fait plaisir.

Ta Zlata.

Vendredi 12 février 1993

Dear Mimmy,

A nouveau, plus de courant, même pour les prioritaires. On se retrouve dans le noir, il faut rescier du bois. Moi qui avais tant de plaisir à faire des gammes, à fréquenter Mozart, Bach et les autres, à nouveau je ne peux plus. Dans la chambre où est le piano, il fait un froid de canard. Est-ce qu'elle va être à nouveau « dangereuse » ? Pourvu que non !

Mirna est venue aujourd'hui, on a fait quelques exercices de maths, puis on a joué avec nos poupées Barbie.

Zlata.

Lundi 15 février 1993

Dear Mimmy,

Hier, c'était l'anniversaire de Haris. C'était pas mal. Il y avait foule. En fait, c'était plus que bien car les « grands » n'ont pas discuté politique sans arrêt. Y en a marre de la politique. BEURK !

La série des anniversaires de février se termine avec celui de Haris. Tant pis. Les anniversaires, j'adore ça,

125

car ils me rappellent la paix (bien sûr, quand il n'y a pas de coups de canon).

Ta Zlata.

Samedi 20 février 1993

Dear Mimmy,

Hier, il s'est passé quelque chose de géant. Des Français sont venus chez nous. Si, si, des Français. Des vrais. Ils m'ont interrogée, ils m'ont posé des tas de questions, et ils ont fini par dire qu'ils allaient faire un reportage sur moi. Que l'on devrait tourner à la Viječnica[1] (elle a brûlé) et... devant une caméra !

Zlata.

Mardi 23 février 1993

Dear Mimmy,

Pour le reportage, c'est fichu. Il n'y a pas de courant, pas de cameramen, impossible de tourner. Tant pis pour la Viječnica. Je suis désolée mais... que veux-tu... cas de force majeure !

Hier, papa et maman ont parlé aux parents de Mirna : ils vont se renseigner pour essayer de mettre sur pied des cours privés. Comme ça, Mirna et moi, on travaillerait ensemble et nos parents pourraient nous aider

---

1. La vieille bibliothèque, les Archives de Sarajevo.

quand on ne comprend pas, et on s'occuperait utile-
ment. Et au moins, on finirait le programme. Mais on
en reparlera ! Il faut d'abord voir à l'école si c'est possible. Pour le convoi, c'est raté. J'ai comme l'impression
qu'il faut laisser tomber. On ne sort plus de Sarajevo. Ils
nous en empêchent. Qui ça « ils » ? Bah, quelle importance ?... On va rester ici, et ça finira bien un jour. Peut-
être que les « chers bambins » vont en avoir assez de
s'amuser.

Ta Zlata.

Jeudi 25 février 1993

Dear Mimmy,

On a reçu une lettre de Keka et Neda. Une fois de
plus, on a pleuré à chaudes larmes. Ça ne va pas très
fort pour eux non plus.

La tante Ivanka a reçu un colis de Belgrade et elle
m'a apporté des tas de choses. Du chocolat, du jambon
(beurk !), un sachet de purée, du sucre, du café, des
macaronis. Merci, tante Ivanka ! La tante Radmila m'a
apporté du lait en poudre. Tout le monde pense à moi,
pauvre enfant qui ai envie de tout ! J'ai reçu trois lettres
de petits Français par une organisation humanitaire. Des
petites cartes de vœux pour la Nouvelle Année qui sont
arrivées longtemps après. Elles étaient pleines d'amour
et d'espoir de paix pour Sarajevo. Dans l'une des enve-
loppes, il y avait aussi des feutres de couleur ; je m'en
suis servie pour leur envoyer tout mon amour.

Zlata.

Lundi 1er mars 1993

Dear Mimmy,

L'idée d'organiser des cours ici, c'est raté. Ce ne sera pas possible car on pense sérieusement à rouvrir les écoles. Rouvrir les écoles ?! Mais dans mon secteur, soit elles sont inutilisables, soit on y a logé des réfugiés. Alors où aller ? On parle de l'Institut pédagogique (c'est près d'ici). Ce sera bien si ça se fait.

Ta Zlata.

Vendredi 5 mars 1993

Dear Mimmy,

Le gaz arrive de notre côté, sur la rive gauche de la Miljacka. Alors, comment faire pour en avoir ? L'un de nos voisins, Enver, nous a aidés. Il a une intallation au gaz et il nous a laissés nous y raccorder. Žika, Avdo et papa ont joué les « as du gaz ». Ils ont installé un brûleur dans notre vieux poêle, et maintenant il fait chaud. Papa n'a plus à scier du bois — nos meubles, en fait. On a également branché un réchaud, et on cuisine au gaz. C'est super ! Tout va nettement mieux, on commence à respirer. On redort dans un coin du salon, et l'appartement est plus beau comme ça.

Zlata.

Dear Mimmy,

Terrible problème. Cicko n'a plus rien à manger. On ne trouve de nourriture pour oiseaux nulle part en ville. Que faire ?

On lui cuit du riz, mais il n'en veut pas. La tante Ivanka lui a rapporté du riz complet, il picore quelques grains. Les haricots secs, il n'y touche pas. Il n'y a que les miettes de pain, il en mange quelques-unes, on dirait. Tout le monde s'affaire. On veut le sauver, notre Cicko, il ne va quand même pas crever de faim ?

Maman a apporté aujourd'hui de la vraie nourriture pour oiseaux qu'elle a eue par la tante Radmila et une autre collègue. Elles l'ont ôtée du bec de leurs petits oiseaux chéris. Mimmy, tu aurais vu Cicko manger ! Mais on n'ose pas lui donner trop, ça pourrait lui faire mal. Et il n'y a à manger que pour quelques jours.

Ce soir, en venant écouter RFI, Žika a apporté un sachet de précieuses graines pour Cicko. Quel veinard tu fais, Cicko ! Tout le monde pense à toi. Et t'as même des réserves, maintenant. Tu ne risques pas de mourir de faim !

Les oiseaux aussi se partagent la nourriture. Les oiseaux s'aident, comme les hommes. Qu'est-ce que je suis contente ! Régale-toi, Cicko !

Zlata.

Dear Mimmy,

Je suis à nouveau malade. J'ai mal à la gorge, j'éternue et je tousse. Et voilà bientôt le printemps. Le second printemps de guerre. Je le sais grâce au calendrier car le printemps, je ne le vois pas, je ne peux pas le voir, car je ne le sens pas. Je ne vois que de pauvres malheureux qui continuent à traîner de l'eau et d'autres plus malheureux encore, des hommes jeunes, qui n'ont plus de bras ou de jambe. Ce sont ceux qui ont eu la chance, ou la malchance, de ne pas se faire tuer.

Il n'y a plus d'arbres qui se réveillent, plus d'oiseaux, la guerre a tout détruit. Plus de gazouillis printaniers. Il n'y a même plus les pigeons, l'emblème de Sarajevo. Plus de cris d'enfants, plus de jeux. Les enfants ne semblent plus être des enfants. On leur a pris leur enfance, et sans enfance il n'y a pas d'enfants. J'ai l'impression que Sarajevo meurt lentement, disparaît. C'est la vie qui disparaît. Alors, comment est-ce que je pourrais sentir le printemps, lui qui réveille la vie, puisque ici, il n'y a pas de vie, puisque ici tout semble mort ?

Je suis à nouveau triste, Mimmy. Mais tu dois savoir que je le suis de plus en plus souvent. Je suis triste quand je réfléchis, et je dois réfléchir.

Ta Zlata.

Dear Mimmy,

Une nouvelle. Nedo a trouvé du travail à la FORPRONU. Comme traducteur pour les observateurs. Hier soir, il est venu avec son casque et son gilet pare-balles, et je suis tombée nez à nez avec lui à la porte. Il m'a presque fait peur. J'ai tout de suite voulu passer le casque et le gilet — oh là ! là !, ce que c'est lourd ! J'avais du mal à tenir debout avec tout ça. Voilà la bonne nouvelle. Pour le reste, rien de spécial. TANT PIS. Ciao.

Zlata.

Jeudi 25 mars 1993

Dear Mimmy,

Slobo est gravement malade. Il est à l'hôpital. Depuis que Doda est partie, il ne va pas bien du tout. C'est le chagrin qui l'a rendu malade. La guerre a brisé sa vie. Doda est en Slovénie, Deja est à Subotica[1] avec sa mère. Slobo est resté tout seul. Aujourd'hui, c'est la maladie qui lui tient compagnie. Et elle ne le quitte plus. C'est grave. La maladie, moi, je ne sais pas ce que c'est, sauf quand on a de la fièvre et mal à la gorge, mais à ce qu'on dit, Slobo est très malade. Papa et maman sont allés lui rendre visite à l'hôpital. Ils disent qu'il a mau-

---

1. Ville de Vojvodine, à la frontière hongroise.

vaise mine et qu'il se sent très mal. On parle même de lui faire des rayons. Je suis vraiment triste pour Slobo !

Ta Zlata.

Samedi 27 mars 1993

Dear Mimmy,

Les jours se suivent, et on ne voit rien de bien venir à l'horizon. Nous sommes comme embourbés. Nous nous enfonçons dans la boue, et personne ne nous tend la main pour nous en tirer. Nous sommes dans la boue, et nous attendons. Si au moins, il y avait des convois. N'importe où, je me sentirais mieux qu'ici. Je te le dis sincèrement, Mimmy, je ne comprends pas pourquoi ils ne permettent pas aux gens de s'en aller. Si ça continue, on va tous mourir, ou alors devenir fous.

Il y a pourtant un petit rayon de soleil : aujourd'hui, j'ai eu une visite. Deux journalistes français. Deux garçons super bien. Et le plus géant de l'histoire, c'est que j'ai parlé tout le temps avec eux en anglais.

Ils ont embelli cette journée. Alors qu'elle avait commencé comme toutes les autres, je m'ennuyais et je me demandais combien de temps encore ça allait durer. Mais non, elle s'est bien terminée.

Zlata.

Dear Mimmy,

Le 31 mars, je suis retournée à l'école. A l'école, on nous a divisés en cinquième 1 et cinquième 2. Je suis en cinquième 2. Avec Anesa, Nedžla, Nerma et d'autres filles que je ne connais pas. Ça n'est pas comme avant, mais je n'y fais pas attention. L'important, c'est d'aller à l'école et de s'ennuyer moins. On a tous les cours, sauf gym et techno.

Notre prof responsable s'appelle Zlata Grabovac. Elle est SUPER BIEN. Le prof de maths aime blaguer, mais je ne comprends pas très bien son cours, et la prof responsable doit me le réexpliquer. Enisa (la prof de serbo-croate) n'est pas mal, elle est jeune, et bien. Azra, c'est la déesse de la biologie. Branislava (histoire-géo) explique lentement et calmement, mais elle est très vache aux contrôles. Marija (physique) — pas de commentaires. OK. Vlasta (anglais), elle a dit que j'étais super. Pour le dessin, on a une prof femme qui pense que nous sommes tous des PICASSO, des REMBRANDT ou des VAN GOGH. Slavica (musique), on connaît (elle n'a pas maigri, elle a seulement des cheveux gris et le teint plus pâle).

Voilà, Mimmy, mes profs maintenant, tu les connais.

Ta Zlata.

Dear Mimmy,

Une nouvelle terriblement triste ! Notre Cicko adoré est mort. Il est simplement tombé sur le dos, et c'était fini. Il n'était pas malade. C'est arrivé tout à coup.

Il chantait. Maintenant, il n'avait plus froid. Il avait réussi à passer l'hiver, on lui avait trouvé de la nourriture. Et il laisse tout. Peut-être que lui aussi, il en avait assez de cette guerre. Tout s'est accumulé — l'hiver, la faim ; et le voilà parti pour toujours. J'ai pleuré, mais maman avait encore plus de peine que moi. Il va nous manquer terriblement. On l'aimait tant, c'était quelqu'un de notre famille. Il vivait avec nous depuis sept ans. Ça faisait longtemps. Papa l'a enterré dans notre cour. Sa cage est vide. Notre Cicko est mort.

Ta Zlata.

Jeudi 15 avril 1993

Dear Mimmy,

– Sept jours déjà que Cicko n'est plus là. Il nous manque. Il laisse un grand vide. J'ai toujours l'impression de l'entendre chanter, mais Cicko n'est plus là, il ne chante plus. Et la vie continue.

J'ai eu 5 à mon devoir de serbo-croate, 5 en biologie, deux 5 en anglais, deux 5 en dessin, et je crois bien avoir 4 au contrôle d'histoire.

Grâce à Nedo, j'ai souvent droit à un Coca-Cola, quelques friandises et des fricandelles, j'adore. Il me rapporte tout ça de la FORPRONU.

Zlata.

Samedi 17 avril 1993

Dear Mimmy,

Seka est désespérée. On dirait bien qu'elle va devoir quitter l'appartement de Bokica. Ici, Mimmy, il y a des tas de réfugiés, de sans-abri, qui sont sans abri à cause de la guerre. On les a chassés, on a incendié leur maison. Ils sont obligés de se chercher un toit. Et des toits, il n'y en a pas des masses. Bien sûr, il y a des tas d'appartements vides, ceux des gens qui ont quitté Sarajevo. Les sans-abri s'y sont trouvé un toit, mais on dirait que ça se complique. Certains déménagent de Sarajevo, d'autres emménagent à Sarajevo. Un malheur chasse l'autre. C'est horrible. Je ne comprends jamais rien. En fait, je ne comprends rien à cette guerre. Tout ce que je sais, c'est qu'elle est bête. Tout vient de là. En tout cas, elle n'apportera le bonheur à personne.

La situation politique est une bêtise. Une ÉNOOORME bêtise, vraiment ! Je ne sais pas ce que je dois faire, continuer à vivre et à souffrir, continuer à espérer, ou me trouver une poutre, une corde et... Encore quelques années comme ça, et j'aurai vingt ans ; si ça continue — « comme au Liban », comme on dit —, j'en aurai trente. Mon enfance sera passée, ma jeunesse sera passée, ma vie sera passée. Je mourrai, et cette guerre ne sera toujours pas finie. Et quand maman me dit « On va partir,

135

Zlata », j'aurais envie de me tuer. Quelque part, on n'attend plus qu'Alica, Malik, et Zlata...

                                                        Ta Zlata.

Lundi 19 avril 1993

Dear Mimmy,

Tu sais, j'ai grandi. Je n'ai plus rien à me mettre. Tout est trop petit, trop étroit, trop court, je suis serrée.

On s'est mis d'accord avec Braco pour que je regarde dans les affaires de Martina, et Keka me l'a dit aussi dans sa lettre.

Je suis allée chez Braco aujourd'hui. Je suis entrée dans la chambre de Martina et de Matej, elle est vide, avec seulement leurs photos et quelques petites affaires qu'ils n'avaient pas besoin d'emporter ; les fenêtres sont cassées, c'est plein de poussière. Eux ne sont pas là. Une chambre triste, tout aussi triste que moi.

Il m'a fallu un certain temps pour me rappeler pourquoi j'étais là. Dans les affaires de Martina, je me suis trouvé une jupe noire en patchwork, des tennis blanches, des chaussures de pluie et d'autres, plus fines.

Je me rappelle une phrase de Keka dans sa lettre : « Ma petite Zlata, tout ce qui peut te faire plaisir, tu le prends, et si tu peux, donne-toi du bon temps, car demain, ça peut changer, sache-le bien. »

Moi, ce qui me ferait plaisir, c'est la paix. Moi, ce qui me ferait plaisir, c'est qu'ils reviennent, et que reviennent tous ceux que je n'ai plus. Ciao !

                                                        Zlata.

136

Dear Mimmy,

Encore une triste nouvelle à t'annoncer. Bobo est mort. Le fils de la tante Diša. Il a été tué dans le jardin de Tante Melica. Un sniper. C'est désespérant. Il y avait un tas de monde dans le jardin, et c'est lui que le tireur a pris pour cible. Quel gâchis ! Un homme formidable. Il laisse derrière lui une petite fille de quatre ans, Ines, qui est réfugiée avec sa mère.

Le chagrin a rendu la tante Diša folle. Elle répète tout le temps : « Peut-être qu'il n'est pas mort. Non, ils se trompent. Mon fils va revenir... »

C'est horrible, Mimmy, je n'arrive plus à écrire.

Ta Zlata.

Mardi 27 avril 1993

Dear Mimmy,

Depuis hier, nous avons de nouveaux voisins. Haris et Alemka (ou Alenka, je ne sais pas si ça s'écrit avec un « m » ou avec un « n »). Ils se sont mariés hier. Ils sont venus habiter chez Nedo. Nedo leur a généreusement ouvert les portes de son appartement, et maintenant, ils habitent ensemble. Nedo et Haris sont de bons copains (tous les deux sont réfugiés de Grbavica). Nedo était témoin au mariage. La grande famille des voisins s'agrandit. Aujoud'hui, nous avons reçu un paquet de Keka. A l'intérieur, comme d'habitude, un tas de choses.

On a fait un petit extra. Le Milka, ça c'est du chocolat ! Ciao !

Zlata.

Mercredi 28 avril 1993

Dear Mimmy,

On revient de chez Haris et Alenka. On est allés faire leur connaissance et leur présenter nos vœux de bonheur. On ne se marie qu'une fois ! Nedo était là aussi. Nous avons passé un bon moment, mais ça tonnait « sec » ! Un obus est tombé, paraît-il, sur l'hôtel Belgrade et un autre sur le refuge de la rue Dalmatinska. Notre fichu sniper (on l'a baptisé « Jovo[1] ») était un peu mieux luné aujourd'hui. Il n'est vraiment pas normal, ce type. Tiens, il vient de tirer une balle, histoire de nous faire danser. Ciao !

Zlata.

Dimanche 2 mai 1993

Dear Mimmy,

Tu te souviens du 2 mai 1992, le jour le plus infernal de cette vie de misère ? Je me dis souvent que ça n'a sûrement pas été le jour le plus dur, mais le premier, le tout premier jour vraiment dur, et c'est pour ça que je

1. « Jeannot », de Jovan — Jean.

138

m'en souviens comme du pire. Je n'arrive pas à chasser de ma tête la puanteur de la cave, la faim, les vitres qui volent en éclats, la terreur quand les obus explosent. Nous sommes restés douze heures sans manger ni boire, mais le pire, c'était la peur, devoir rester collés dans un coin de la cave sans savoir ce qui allait arriver. Sans comprendre ce qui arrivait. J'en ai encore la chair de poule rien qu'à y repenser.

Il y a un an aujourd'hui. Un an pendant lequel tous les jours ont été des 2 mai. Et je suis toujours vivante, en bonne santé, mes parents sont vivants et en bonne santé. Nous avons parfois du courant, du gaz, et au compte-gouttes, un petit quelque chose à manger. Alors, on y va, ON CONTINUE. Mais qui sait jusqu'à quand ?

Zlata.

Lundi 3 mai 1993

Dear Mimmy,
   Aujourd'hui, la tante Boda et Žika ont reçu une lettre de Bojana et Maja. Elles vont bien, elles mangent, elles boivent, elles se chamaillent, elles s'énervent...
   En plus des lettres, on a lu le dictionnaire bosniaque. Je ne sais quoi t'en dire, Mimmy. Il est sans doute bourré de mots avec un « H », alors que c'était des fautes

d'orthographe jusqu'à maintenant[1]. Que veux-tu faire ?

Il y a longtemps que je ne t'ai pas parlé de ce que j'avais lu. Alors, j'énumère : *Les Marins célèbres*, *Trois Cœurs*, *Une Étincelle de vie*, *Les Notes d'Anna*, *Le Visage nu*, *La Colère des anges*, *Le Club des Cinq*, *L'Homme, la Femme et les Enfants*, *Le Droit territorial*, *La Fille d'un autre*, *Je suis une ancienne droguée*, *La Méprise* et... Je regarde aussi souvent les photos dans les livres de cuisine, ce qui me donne parfois l'impression d'avoir mangé ce que j'ai vu.

Zlata.

Mardi 4 mai 1993

Dear Mimmy,

Je repense à la politique. J'ai beau me dire que cette division entre Serbes, Croates et Musulmans est stupide, horrible, insensée, c'est pourtant bien ce qui se passe avec cette connerie de politique. Tout le monde attend, espère quelque chose... et rien ! On dirait bien que le plan Vance-Owen va tomber à l'eau lui aussi. Voilà maintenant que l'on sort des cartes, que l'on en redessine, que l'on divise les gens — mais on ne demande rien à personne. Les « chers bambins » s'amusent vraiment avec nous. Les gens comme nous ne veulent pas de cette

---

1. Dans la prononciation bosniaque du serbo-croate, de nombreuses lettres se prononcent « KH » (son correspondant à la lettre « H »). Zlata indique que le dictionnaire bosniaque adopte une orthographe traduisant cette prononciation.

division car personne ne sera heureux comme ça, ni les Serbes, ni les Croates, ni les Musulmans. Demander l'avis des gens comme nous ? La Politique ne demande l'avis que des gens à elle.

Ta Zlata.

Jeudi 6 mai 1993

Dear Mimmy,

Aujourd'hui, spectacle à domicile.

Je lisais tranquillement quand, tout à coup, quelque chose a traversé la pièce. Tu sais ce que c'était, Mimmy ? Une petite souris. Si petite que j'ai eu du mal à voir ce que c'était. Elle a traversé et est allée se nicher sous la bibliothèque dans le renfoncement d'un mur. Maman s'est mise à hurler. Elle a grimpé sur une chaise, puis elle s'est sauvée dans ma chambre. Si elle avait pu, elle se serait enfuie de la maison, mais... C'EST LA GUERRE.

Qu'est-ce qu'on pouvait faire ? Il fallait l'attraper. Mais comment ? J'ai vite couru chercher Cici (pour les souris, il n'y a pas mieux qu'un chat), papa et Braco ont pris des outils, des tournevis, tout, et ils ont commencé à démonter la bibliothèque planche par planche. Cici était aux aguets, papa et Braco enlevaient les vis, et moi, je retirais les livres des étagères. Maman ? Bien sûr, elle attendait dans ma chambre. Une fois la bibliothèque démontée, on a trouvé dans le mur le petit trou par où la souris avait filé. On l'a bouché avec du plâtre, on a tout remis en place et essayé de convaincre maman qu'elle pouvait revenir et circuler normalement dans l'appartement.

Maman n'a pas l'air très convaincue, elle reste crispée. On a pris Cici chez nous. Elle dort dans l'appartement, ce qui rassure un peu maman (enfin, j'espère). La souris a filé et ne reviendra sûrement plus. Maman est sûre du contraire.

On pensait avoir résolu notre problème de souris, et voilà qu'on l'a entendue gratter. Elle cherche à revenir. C'est complètement fou, elle ne comprend donc pas qu'on ne veut pas d'elle ? Oui, Mimmy, bien sûr, c'est une bête...

Maman en devient folle. Il va falloir que je fasse quelque chose. Je vais en discuter avec Cici pour qu'elle nous débarrasse de cette souris. Ciao !

Zlata.

Samedi 8 mai 1993

Dear Mimmy,

En allant à l'école de musique aujourd'hui, j'ai revu le marché. Rien, Sarajevo ne manque de rien. Les gens vendent de tout.

Je me suis demandé d'où venaient toutes ces marchandises, et j'ai repensé à la première fois où j'ai vu les rues de Sarajevo en guerre, je me suis rappelé les magasins détruits et pillés... Non, ce n'est pas possible, qui a pu faire une chose pareille ? Qui, je m'en fiche. Voler des choses, c'est moche, mais c'est encore plus moche de les revendre aujourd'hui contre des devises fortes... Et il faut voir les choses qu'il y a à manger. Alors qu'on a faim et envie de tout. Comment veux-tu acheter quand un œuf coûte 5 deutsche Mark, le chocolat 20 deutsche Mark, les biscuits 40 deutsche Mark, le café 120 deutsche Mark et je m'arrête là. Qui peut se payer ça, pas les gens comme nous, ordinaires. Enfin, tant mieux pour les autres... Moi, j'ai Nedo qui nous rapporte des colis. Et la tante Radmila, la tante Ivanka, Goga et Baja, Tante Melica, la tande Boda, grand-père et grand-mère, et... et... et... des tas d'autres braves gens.

Ce marché, le marché noir, il n'y en a plus pour très longtemps sûrement. Des magasins vont sûrement rouvrir pour les porte-monnaie ordinaires. Les gens ordinaires, comme nous, Mimmy, ils reçoivent un colis, et voilà maintenant que, pour SURVIVRE, ils font pousser des légumes où et comme ils peuvent. Les fenêtres et les balcons sont devenus des potagers. A la place des fleurs poussent des salades, des oignons, du persil, des carottes, des betteraves, des tomates et je ne sais quoi. A la place de nos superbes géraniums, on a des salades, des oignons, du persil et des carottes. On a donné le reste de graines à Tante Melica, elle a un jardin. Ciao !

Zlata.

Vendredi 14 mai 1993

Dear Mimmy,

Ciao ! Il est actuellement 21 h 20 et je suis assise à la table dans ma chambre. La porte est ouverte et j'entends RFI dans la cuisine. Dans la cuisine se trouvent Žika,

Boda, Nedo, Haris, Alemka (admettons que ça s'écrive avec un « m »), papa et maman.

C'est la première fois que Haris et Alemka viennent. Ils sont formidables. Évidemment, puisque ce sont les amis de Nedo. J'ai dîné avec eux ce soir. J'ai mangé trois Panzerotti et demi (ceux de Boda) et quatre crêpes (celles d'Alemka). Je suis bourrée. Je vais devoir boire un container d'eau.

A part ça, la tante Boda a reçu hier une lettre de Maja et de Bojana. Elles vont super bien toutes les deux, et elles se trouvent super bien là-bas.

Une nouvelle extra ! Nedo va quitter Sarajevo (pas longtemps). Il va aller soit à Zagreb, soit à Split. Comme il travaille pour la FORPRONU, il a le droit à des congés. Peut-être qu'il ira voir sa fiancée. Il le mérite bien.

A l'Ouest, pardon... à l'école, rien de nouveau. J'ai des 5 partout.

Zlata.

Lundi 17 mai 1993

Dear Mimmy,

A la maison on est toujours sur les nerfs (on n'est plus tranquilles à cause de cette souris). Elle ne fait pas de bruit, elle disparaît pendant plusieurs jours, puis elle se remet à gratter. Papa s'est procuré de la glu. J'ai peur que maman devienne folle.

Cici ne s'occupe plus trop de la souris. Tu sais pourquoi, Mimmy ? Elle est amoureuse. Tu ne me crois pas ? Je te promets que c'est vrai. Aujourd'hui, de la fenêtre, j'ai suivi son idylle avec un chat sur le toit. Le chat arrivait, ils se sont regardés, puis approchés l'un de l'autre. Ils se sont mis à se renifler, on aurait dit qu'ils s'embrassaient. Puis le chat est parti, et Cici est restée là, tout émue, à miauler sans arrêt.

Nedo est parti aujourd'hui. Bon voyage, Nedo, et reviens-nous vite ! Papa pense qu'il ne reviendra pas, mais moi, je veux qu'il revienne, et je pense qu'il reviendra.

Ta Zlata.

Jeudi 20 mai 1993

Dear Mimmy,

Je me suis coupé les cheveux. Très court. Maman me regarde d'un drôle d'œil. Elle trouve que j'ai l'air bizarre. Mais moi, je me plais. J'ai eu envie de changer quelque chose, j'en ai marre de tout ça, alors voilà, Mimmy, j'ai changé de tête.

Seka va être expulsée finalement. Ces jours-ci, maman est allée l'aider à emballer les affaires de Bokica. Maman a beaucoup de chagrin quand elle revient. C'est la vie de Bokica et de Srdjan qu'elle met en paquets, car ces affaires sont vraiment leur vie. Maman a rapporté un album de photos et aussi quelques petites choses à eux ; le reste, direction la cave. Comme si les bombardements recommençaient. Bokica et Srdjan ne sont au courant de rien. Ils sont à Dubrovnik et on ne peut pas recevoir de lettres de là-bas, ni en envoyer d'ailleurs. Il vaut peut-être mieux qu'ils ne soient au courant de rien.

Ta Zlata

Mardi 25 mai 1993

Dear Mimmy,

Nedo est revenu. Tu vois, Mimmy, que c'est moi qui avais raison et pas papa. Il était à Split avec sa fiancée qui est venue d'Autriche. Spécialement pour lui. Il raconte qu'il était un peu perdu, mais qu'il s'est quand même baigné dans la mer (la mer... qu'est-ce que c'est la mer ?) et qu'il savait toujours nager. Il a bronzé (il est tout marron), il s'est promené sur la riva[1], il est allé au café et il a mangé toutes sortes de choses. Mais il ne nous a pas oubliés. Aucun de nous. Tout le monde a eu son petit cadeau. J'ai eu des tongs, deux paires de collants qu'Amna, sa fiancée, a achetées exprès pour moi, du chocolat Milka et un sachet de super bonbons.

Enfin, revoilà Nedo, nous pourrons endurer ensemble les angoisses de la guerre.

Aujourd'hui, nous avons résolu pour de bon notre problème de souris. Elle s'est flanquée dans la glu, elle est restée collée, et — terminé. Terminé la souris. Terminé le calvaire de maman. On était sur les nerfs avec cette bestiole.

Cici nous a adoptés, elle vient plus souvent chez nous. Le chat, lui, non, il fait le fier ; et elle miaule sans arrêt

---

1. Front de mer sur la côte dalmate.

après lui, elle miaule la nuit, elle nous empêche de dormir, elle veut sortir. Nedo et la tante Boda veulent lui donner un Apaurine le soir — un vrai cachet. Ça calme la nervosité féminine. D'après le docteur de maman.

Zlata.

Lundi 31 mai 1993

Dear Mimmy,

Je désespère. Je m'ennuie. Je déprime.

Premièrement, il n'y a pas d'école à cause de la fête du Baïram. Deuxièmement : le peu de courant qu'on avait et qui venait du voisin, c'est fini ; donc, plus de musique, plus de films, plus de lumière. A nouveau le noir, rien que le noir. Papa écoute des informations à en faire de la dépression. Troisièmement : depuis jeudi, il y a de terribles bombardements. Pfff ! Hier, de 4 heures du matin à 10 heures du soir. Un vrai déluge. Trois ou quatre obus à la minute. Rebonjour la cave. Ce matin, on a annoncé que la FORPRONU avait dénombré mille cent obus et quelque, et d'après Nedo, ça n'est que 60 % du chiffre exact car la FORPRONU ne parvient à dénombrer que 60 % des obus qui sont tirés. Ce qui veut dire deux mille environ. Je te dis, trois ou quatre à la minute. Voilà pourquoi je déprime. Ça va recommencer, une fois encore ? Excuse-moi, je suis énervée. Ne te fâche pas, ça va passer.

Zlata.

Mardi 1er juin 1993

Dear Mimmy,

Ciao ! Comme tu vois, on est le 1er juin. C'est l'anniversaire de Maja, le deuxième 1er juin de guerre. Hier, j'étais d'une humeur massacrante, aujourd'hui, ça va un peu mieux. Nous finissons à l'instant de souper. Tu sais, ce matin, à midi et ce soir, on a mangé froid, car le gaz a été coupé hier.

Après l'eau et l'électricité, le gaz. On est au bord du suicide. C'est la CATASTROPHE. Mimmy, je n'en peux plus. J'en ai marre de tout. Je suis terriblement lasse de toutes ces c... Je te demande pardon de dire un gros mot, mais je n'en peux plus. Ça suffit, vraiment. Il y a de plus en plus de chances pour que je me tue, si tous les crétins qui sont là-haut ou ici en bas ne me tuent pas avant. Je suis à bout. J'AI ENVIE DE HURLER, DE TOUT CASSER, DE TUER. Je ne suis qu'un être humain, et j'ai des limites.

Ce que je souffre !

JE SERAI DE MEILLEURE HUMEUR LA PROCHAINE FOIS.

Je vais éclater en sanglots !

AAAAH ! ÇA COULE !

Fipa qui t'aime.

Mardi 8 juin 1993

Dear Mimmy,

Juin, déjà. Mon Dieu... Aujourd'hui, j'ai eu 5/5 au contrôle de maths, je suis HAPPY. Mais je dois apprendre ma biologie, et je suis UNHAPPY.

148

Mimmy, je sors un peu avec les filles de la classe. Ça va, mais ce n'est pas vraiment ça.

Au bout de pas mal d'Apaurine, Cici s'est calmée, mais le chat, lui, on ne le voit plus. Un sale effronté. Il l'a séduite, puis laissé tomber. C'est insensé.

Zlata.

Jeudi 10 juin 1993

Dear Mimmy,

Il est exactement 9 h 30. Papa vient de mettre Deutsche Welle[1], Nejra martèle le piano en chantant des paroles qu'elle invente. Maman est au travail, et moi à la maison. Comme tu vois, je ne suis pas à l'école.

Le matin, lever 7 heures ; toilette ; les dents ; je m'habille ; je prends mon fer et mes vitamines ; et je vais aux cours — quand il y a des élèves pour les suivre. De nos profs, seules sont là Vlasta et la prof de dessin et elles nous annoncent qu'IL N'Y A PAS COURS. Un ordre. Les bombardements, ça va recommencer ? Il n'y a pas d'école, pas de cours — même à l'école de musique — et je suis cloîtrée à la maison. Je m'ennuie. Je ne sais pas quoi t'écrire.

Ah si, Mimmy, ça me revient ! Mardi, quelque chose d'incroyable. J'ai vu ISMAR RESIĆ. Il était amoureux de moi en septième ; après, il était plus « froid ». En classe, il était juste devant moi et Mirna. Il était minuscule, Mimmy, plus petit que moi, et maintenant, il fait

---

1. Programme international de la radio allemande.

1,70 mètre (du simple au double). Il est gigantesque. Et si tu entendais sa voix — graaaave ! Et il « bourgeonne » un peu — la puberté, sûrement. Tu ne me croiras jamais : mardi, je n'ai fait que ça, répéter « non mais, tu l'as vu ?! » et « t'as vu sa taille ?! »

Zlata.

Dimanche 13 juin 1993

Dear Mimmy,

On m'a remis aujourd'hui cinq exemplaires de TOI. La première partie des confidences que je t'ai faites a été imprimée, ou plutôt, on a photocopié mon cahier. Sur la page de titre, il y a ma photo, et au dos, un œil. C'est pas mal ! Mais il ne faut pas que j'attrape la grosse tête !

Ah oui, hier, c'était l'anniversaire de Mikica ; je le lui ai souhaité au téléphone car ça avait recommencé à bombarder.

Cici ne dort plus à la maison, elle n'est restée que quelques nuits. Elle a fichu le camp. Elle s'est lancée dans la vie amoureuse. Elle traîne.

Zlata.

Dear Mimmy,

Aujourd'hui, c'est le premier ou le deuxième jour de l'été, je ne sais pas au juste. Voilà ma vie, Mimmy — pas d'électricité, pas d'eau, pas de gaz ; une école qui ressemble à pas d'école, du riz, des macaroni, quelque chose de vert qui vient du jardin de Tante Melica, quelques friandises que l'on m'offre, mon piano et, bien sûr, toi, Mimmy.

Un petit chiot est entré aujourd'hui chez Alma et Dado. Il est tout mignon. Jaune. Avec des petits chaussons blancs. Un petit bavoir blanc. Un museau blanc. Cici est jalouse, car il lui a fini son plat.

J'étais ravie et je pensais le prendre à la maison, mais ce n'est pas possible. Déjà qu'on n'a rien à manger nous-mêmes, que pourrait-on bien lui laisser ? Alma et Dado ne l'ont pas gardé non plus, pour la même raison. Ciao !

Zlata.

Samedi 26 juin 1993

Dear Mimmy,

Deux tristes nouvelles. La première : Alma et Dado n'ont pas gardé le chiot car c'est un spincher nain et Alma voudrait un gros chien pour sortir avec lui dans la « mahala[1] ».

BOU-OU-OU-OU-OUH !

_____
1. Mot turc : le quartier, la rue.

Autre mauvaise nouvelle : Nedo part. En congé, mais il a dit qu'il ne reviendrait pas. Qu'il allait filer. La « crapule ». Tout le monde l'aimait bien, et voilà qu'il part. Mais ce n'est pas plus mal. Au moins on aura quelqu'un pour nous envoyer des colis et tout le reste. Mais quand même... Je suis effroyablement triste, tout le monde l'aimait beaucoup, c'était réciproque, et maintenant, nous allons être séparés. On m'appelle. Bon, j'y vais.

C'EST RIEN, ZLATA. ON CONTINUE. ESSAIE SEULEMENT DE NE PAS PLEURNICHER.

Ciao Mimmy,
Zlata qui t'aime.

Vendredi 2 juillet 1993

Dear Mimmy,

Deux nouvelles. Une « géante », l'autre « comme ci comme ça ». D'abord celle « comme ci comme ça » : hier, dans l'escalier des Bobar, je me suis fait une entorse. Le temps de descendre une marche, et crac ! Aujoud'hui, je ne suis pas allée à l'école, car je ne peux pas poser le pied par terre, alors je reste couchée. Je ne peux ni marcher ni courir. Des bandes, de la pommade Lasonil, je ne suis pas morte. L'autre nouvelle, la « géante » : hier soir, il devait y avoir une présentation pour mon journal. Malheureusement, comme le gaz est coupé, les presses ne fonctionnent plus (tu vois, même pas de gaz !) et on n'a pas pu imprimer les invitations. Alors, je le crie à tout le monde : « LA PRÉSENTATION EST REPORTÉE. »

152

Je repense au départ de Nedo. Je n'arrête pas de me dire : « Non, il ne va pas partir », puis je reviens à moi, et j'ai de la peine, beaucoup de peine. Il va vraiment partir ?

Slobo est parti à Subotica, en convalescence. Peut-être qu'il retrouvera enfin Doda et Dejan.

Ta Zlata.

Mercredi 7 juillet 1993

Dear Mimmy,

Le départ de Nedo, c'était la vérité. Il est parti. Ces derniers jours, il a beaucoup travaillé, et je ne l'ai presque pas vu. Il est venu hier soir à 8 heures, pour prendre quelques photos, et nous dire au revoir. Une demi-heure seulement. A 8 h 30, il a dit simplement : « Bon, ma chérie, c'est l'heure. » Deux ou trois baisers, « Allons, Fipa, faut pas pleurer, faites attention à vous, fais attention à toi aussi, tu nous écriras et envoie-nous des photos ». Puis VLAN ! Il avait claqué la porte, Nedo était parti !

Tout a un début et une fin. Le bon temps passé avec Nedo aussi.

Après ce VLAN !, moi c'était BOUH ! OUIN !... OUIN ! Et autour de moi, des « Allons, Fipa, ne pleure pas, ce sera mieux là où il va, pense un peu à sa vie... » Oui, je sais... mais où est donc passé mon mouchoir ?... je sais bien, mais je suis triste. OU-OU-OUH ! OUIN !...

Je me suis un peu calmée et j'ai réfléchi. Réfléchir, ça fait remonter les souvenirs. « Eh dites donc, vous vous rappelez la fois où... » « Oui, Nedo est vraiment un chic type... », « Nedo... » ceci, « Nedo... » cela, et ainsi de suite.

J'ai beaucoup de peine, je suis très triste, mais je crois que pour la tante Boda, ça doit être très pénible. D'abord, Maja et Bojana qui sont parties, et maintenant Nedo, qu'elle considérait comme son fils. Enfin, je ne sais pas, tout ça, c'est bête ; allez Mimmy, viens, on va se tuer.

Zlata qui t'aime.

Samedi 10 juillet 1993

Dear Mimmy,

Je n'ai plus Nedo non plus. Tous partent un à un, et moi, je reste. Mais, Mimmy, est-ce que je vais un jour quitter cet enfer ? J'en ai par-dessus la tête. Avec le départ de Nedo, j'ai réalisé que tous mes amis sont partis. Je suis dans ma chambre. Cici est avec moi. Elle se prélasse sur le fauteuil — elle dort. Et moi, je lis des lettres. Tout ce qui me reste de mes amis, ce sont des lettres. Les lire me conduit, me transporte jusqu'à eux.

> « Tu me manques, tu sais, et j'espère qu'on se reverra bientôt. Sinon, je m'habitue doucement à ma nouvelle vie. Zlata, prends garde à toi et veille sur ton père et sur ta mère.
>
> Je t'embrasse très fort,
> Matej. »

« Chère Fipa, je pense beaucoup à toi et j'essaie

154

d'imaginer ce que tu fais, comment tu vis. Tu me manques terriblement, tout comme Sarajevo, la plus belle ville du monde, la ville où le cœur du monde brûle mais ne s'éteindra jamais. Je sais que c'est très dur pour vous. Je ne peux que dire que je vous aime et que vous me manquez. Je vous envoie des milliers et des milliers de baisers.

Martina et les autres réfugiés
qui sont impatients de rentrer. »

« J'ai entendu 2 chansons du Dr Alban : *It's my life* et *Sing Alleluia*. Peut-être que vous avez pu les entendre aussi. Maja pensait aujourd'hui vous enregistrer une cassette de Mick Jagger, Michael Jackson et Bon Jovi. Pour ce qui est de la mode, il n'y a pas de changement. Ma chère Fipa, comme j'aimerais pouvoir bavarder avec toi.

Bojana qui t'aime très fort. »

« Ma chère Fipa, je t'envoie ces TETA pour que tu voies ce qui se portera cet été et ce qui coûtera les yeux de la tête. Bien sûr, chaque numéro de TETA s'accompagne d'un million de baisers et de petits mots gentils pour que tu saches combien Maja t'aime et pense à toi. »

« Ma chère Zlata,
Tu es ma meilleure amie et tu le seras toujours. Personne ne pourra jamais briser notre amitié, même pas cette guerre. Bien que tu sois à Sarajevo et moi en Italie, bien que nous ne nous soyons pas

vues depuis plus d'un an, tu es toujours ma meilleure amie.

Oga qui t'aime très fort. »

« Ma chère petite fille,

Je t'envoie cette fleur de notre jardin et ce papillon des bois ; tu en feras un dessin. Si je pouvais, je t'enverrais une corbeille de fleurs, la forêt entière, des arbres, d'innombrables oiseaux, mais on ne me laissera pas. Avec ce papillon et dans cette petite fleur rouge, je t'envoie tout mon amour.

Ne t'inquiète pas pour l'avenir. Sache que pour les braves gens, il y aura toujours des jours heureux. Ton papa, ta maman et toi, vous êtes de braves gens et votre vie sera belle, pleine de gaieté, vous serez heureux.

Keka qui t'aime très fort
et qui pense souvent à toi. »

Tu vois, ma Mimmy, dans leurs lettres, tous m'envoient leur amour, leurs regrets, ils me dépeignent la vie normale, joignent des poèmes, des photos de mode, ils forment des vœux pour que s'arrête cette folie. Quand je lis leurs lettres, j'éclate parfois en sanglots, car je suis impatiente de les revoir, je suis impatiente de vivre, et pas simplement de recevoir des lettres.

Des lettres, voilà tout ce que Nedo aura à m'offrir maintenant. Des lettres, des lettres, mais qui sont pour moi si importantes, et que j'attends avec tellement d'impatience. Ciao !

Zlata.

Mardi 13 juillet 1993

Dear Mimmy,

Je suis de nouveau malade. J'ai de la fièvre, j'ai mal à l'estomac et à la gorge. Là, à côté, des médicaments, le thermomètre. Mon Dieu, pourquoi faut-il que je sois encore malade ? Je m'ennuie de Nedo, et j'attends le jour de ta présentation.

Ta Zlata.

Jeudi 15 juillet 1993

Dear Mimmy,

On m'a annoncé aujourd'hui que ta présentation, c'était samedi. Si, c'est samedi ! Et je suis malade. De quoi ça va avoir l'air, Mimmy ?

Samedi 17 juillet 1993

Dear Mimmy,

LA PRÉSENTATION

Puisque je ne t'avais pas avec moi (il n'y avait là-bas qu'une partie de toi), il faut que je te raconte.

C'était formidable. La fille qui animait ressemble incroyablement à Linda Evangelista. Elle a lu des extraits de toi, Mimmy, sur un fond de piano. La tante Irena aussi était là. Gentille et chaleureuse comme toujours, avec un petit mot aimable pour les enfants, et aussi pour les adultes.

Ça se passait au sous-sol du Jez[1] qui était rempli de gens merveilleux — tous ceux que j'aime, ma famille, mes amis, mes copines d'école, et bien sûr, LES VOISINS. Il y avait du courant (grâce au groupe électrogène), et tout était bien plus beau à la lumière d'ampoules électriques. Pour l'organisation, Mimmy, il faut dire merci à Gordana Trebinjac du Centre international pour la paix, qui a tout fait pour que la fête soit aussi belle que possible.

Bien sûr, il y avait des caméras ; des photographes et de grands bouquets de fleurs — des roses et des marguerites — en notre honneur, Mimmy.

Tout à la fin, j'ai lu un message. Tiens, Mimmy, je te l'écris :

« En recourant à la force d'une guerre qui me remplit d'horreur, on tente de m'enlever, de m'arracher subitement, brutalement, au rivage de la paix, au bonheur d'amitiés merveilleuses, au jeu, à l'amour et à la joie. Je suis comme un nageur qui n'a aucune envie de plonger dans l'eau glacée et qui y est forcé. Je suis décontenancée, triste, malheureuse, j'ai peur et je me demande où on cherche à m'emmener, je me demande pourquoi on m'a volé la paix du beau rivage de mon enfance. J'étais heureuse de vivre chaque nouvelle journée car chaque jour à sa manière est beau. J'étais heureuse de voir le soleil, de jouer, de chanter, en un mot, j'avais plaisir à vivre mon enfance. Je ne souhaitais rien de plus. J'ai de moins en moins de force pour nager encore dans ces eaux glacées. Ramenez-

_____
1. Célèbre café de Sarajevo.

158

moi sur le rivage de mon enfance — là où j'avais chaud, là où j'étais heureuse et contente, ramenez-y tous les enfants dont on détruit l'enfance et qui n'ont plus le droit au plaisir de la vivre.

« Le seul mot que je souhaite dire au monde entier est PEACE ! »

A la présentation, il y avait aussi JULIO FUENTOS, un Espagnol. Il m'a photographiée debout sur des containers (je les remplis d'eau, ce liquide tellement précieux pour les habitants de Sarajevo) et la dame à qui ils appartenaient a failli devenir folle. « No-on, vous allez les faire éclater, mes containers. » Mais non, ils n'ont pas éclaté.

En gros, c'était très bien. Forcément, Mimmy, puisque c'était ta présentation. Je t'ai présentée. Tu sais combien je t'aime. Je t'ai présentée avec tout l'amour que je te porte.

Dans l'après-midi, quand je suis revenue, la tante Radmila avait apporté un grand pot dans un papier aux couleurs vives et avec un beau ruban. Dans le pot, il y avait un plant de tomates avec des vraies tomates ! C'est le plus beau « bouquet » que l'on m'ait jamais offert.

Zlata qui t'aime.

Vendredi 23 juillet 1993

Dear Mimmy,

Depuis le 17 juillet, il y a des gens qui me tournent autour — des journalistes, des photographes, des cameramen. Des Espagnols, des Français, des Américains, des

159

Anglais... Hier, c'était une équipe d'ABC-NEWS. Pour filmer la « Personnalité de la Semaine ». Tu entends ? je suis une personnalité. Ils m'ont prise dans ma chambre, à mon piano, dans le salon avec mes parents. Ils ont bavardé avec moi. Évidemment en anglais. Sans me vanter, ils m'ont dit que mon anglais était EXCELLENT.

Ce soir, le monde va donc me regarder (et tu sais, Mimmy, c'est grâce à toi). Moi, je regarderai une bougie car tout autour de moi, c'est le noir. Je regarderai le noir. Le monde peut-il voir le noir que moi, je vois ? Moi, je ne pourrai pas me voir ce soir à la télé, alors le monde ne pourra sûrement pas voir le noir que je regarde. Nous sommes à deux extrémités du monde. Nos vies sont différentes. Eux vivent dans la lumière, dans le jour. Et nous, dans le noir.

Ta Zlata.

P.S. : Cici attend des petits. Il va falloir « travailler » papa et maman pour en garder un.

Zlata.

Mardi 27 juillet 1993

Dear Mimmy,

Des journalistes, des photographes, des équipes de radios et de télés du monde entier (même du Japon). Ils te prennent aussi en photo, Mimmy, et on parle de toi, et de moi. C'est dynamique. Sympathique. Et comique pour une enfant de la guerre.

Mes journées ont légèrement changé. Elles sont plus intéressantes. Elle me portent. Le soir, quand je me

A l'école de musique,
les cours sont devenus très irréguliers.

Kada prođe zima,
i dođe lijepi maj.
Djevojke su ljepše
ljubav im daj.
Šetalište tamno
uzdasima zri,
neke oči plove,
neke riječi nježne.

Sad je dječak sam
a zima pokri brijeg.
Park i kosa rijeka,
al' otići će snijeg.
Proljeće i mladost
ispuniće dan.
Sarajevo moje,
jedini moj grad.

REF: Bilo gdje....

Prepisivača:
Zlato
Filipović

Kemal Montono

L'eau est coupée. Il faut aller la chercher loin de chez soi et la rapporter sous la menace des tireurs isolés. Zlata accompagne son père.

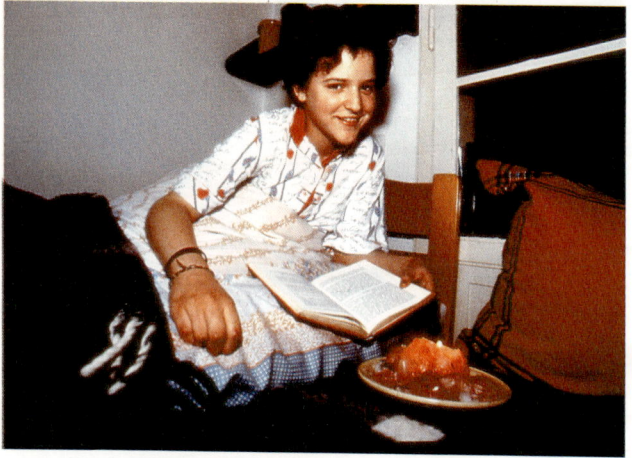

Zlata est une dévoreuse de livres.

Dear Mimmy,

2 tužne vijesti. Prva: Alma i Dado su vratili auku jer je patuljasti pinč, a Alma hoće potrajlena, da ga roda, po u mahali.

JO O O O O O O J?!

Druga tužna vijest je da Nedo ide. Ide na odmor, a rekao je da se neće vratiti, da će poljeci "Smrad" jedan, svima prisastao za sve, a sad ide. Ali bolje je. Barem će mam u imat' ko slat pakete i ostalo." Ali ipak... Strašno me je žao. Pa svi smo ga zavolili, i on nas i sad da se rastanimo. Evo sad me zove, idem.

Ništa, guraj dalje i trudi se da me ne cmizdriš. ?

CIAO, Mimmy

Voli te Zlata

Zlata entre son père et sa mère.
« Ce que la guerre a fait de mes parents !
Ils ne ressemblent plus à mon père et ma mère. »

SRIJEDA
22.09.1993.

Dear Mimmy,

iako je sam napisala da ne vjerujem
da će se 21.09.'93. god. desiti nešto
lijepo, ipak je u meni treperila želja da
se to dogodi. Ali - badava.
Politika mi i dalje zagorčava ŽIVOT?!

Dear
Mimmy,
voli te tvoja
Zlata

SUBOTA, 25.9.'93.

Dear Mimmy,

struja je došla,
ali se dijeli po
planu redukcije.
A redukcija, kao
i cijeli ovaj ži-

WILD AT HEART

24 08 90

23

« *Il faut continuer d'endurer tout ça, avec toi,*
mon journal, en espérant que ça va se terminer
et que je pourrai de nouveau être une enfant
qui vit son enfance dans la paix. »

couche, je repense à la journée qui vient de s'écouler, et qui est tellement belle qu'elle ne paraît pas être une journée de guerre. Et en me disant ça, j'arrive à m'endormir facilement.

Le matin, quand le grincement des petites voitures qui servent à transporter l'eau me réveille, je réalise que c'est la guerre, que je vis dans la guerre ! LES BOMBARDEMENTS, PAS D'EAU, PAS D'ÉLECTRICITÉ, PAS DE GAZ, PAS DE NOURRITURE. Quasiment pas de vie, quoi.

Zlata.

Vendredi 30 juillet 1993

Dear Mimmy,

Un journaliste vient de partir. Je suis à la fenêtre. Il fait chaud. Je regarde les gens qui traînent l'eau.

Tu verrais, Mimmy, tout ce qu'il y a pour traîner l'eau. Les gens se débrouillent, on voit des voitures à deux roues, à trois roues, à bras, des brouettes, des landaus, des civières d'hôpital, des chariots de supermarché, et, ce qui se fait de mieux, des luges montées sur patins à roulettes. Il faut entendre le boucan. Des bruits de toutes sortes, les roues qui grincent. C'est « ça » qui nous réveille le matin. C'est triste et marrant à la fois. Je pense parfois à tous les films que l'on pourrait tourner à Sarajevo. Il y a de quoi en faire une infinité.

Zlata qui t'aime.

Dear Mimmy,

Encore des journalistes, des photographes et des cameramen. Qui écrivent, prennent des photos, filment,et tout ça part en France, en Italie, au Canada, au Japon, en Espagne, en Amérique. Et toi et moi, Mimmy, on reste là. On reste là à attendre, et bien sûr, à rencontrer des gens.

On me compare à Anne Frank. Et ça me fait peur, Mimmy. J'ai peur de finir comme elle.

Zlata.

Vendredi 6 août 1993

Dear Mimmy,

Ces journalistes m'ont tellement troublée que j'ai oublié de te dire que l'école était finie (le 4 juillet). Finie la cinquième. C'était une année scolaire de guerre.

Hier, Mirna a dormi à la maison. Il n'y a pas eu de bombardements, mais il n'y a pas d'électricité ni d'eau non plus. Par contre, ON A DU GAZ ! YESS !

Le gaz a été remis tout à l'heure vers 16 heures. Il est maintenant 19 h 40, et on en a toujours. Pour l'électricité, ça fait A LONG, LONG TIME qu'on n'en a pas. Trois mois sans électricité, et sans eau, et sans pain.

Essaie un peu d'imaginer, Mimmy, tout ce qu'on doit faire pour s'en sortir. Chaque jour qui passe est dur.

Les bougies, les veilleuses ont remplacé les ampoules électriques, l'eau, il faut la traîner, un petit poêle à bois (quel bois ?) a remplacé la cuisinière. Et le pain ?... C'est LE problème. La farine ne s'achète qu'en devises. Et pour cuire la pâte, il faut faire tout le quartier pour trouver un four libre.

On s'agite, on fait vite, on se précipite — la panique du matin au soir.

Tu imagines, Mimmy, en plein mois d'août, faire du feu !

Zlata.

Dimanche 8 août 1993

Dear Mimmy,

Aujourd'hui, nous avons reçu une lettre de Keka, Martina et Matej. Quelle joie ! On a bien ri, mais plus encore pleuré. Ils vont bien. Martina et Matej deviennent « grands », ils vivent, ils mangent... Ah oui, à propos de manger, j'ai fait bien rire papa, maman et Mirna aujourd'hui quand je leur ai dit que j'avais envie de quelque chose de gras, de salé et de sucré, d'un truc bien malsain qui me ferait bien mal à l'estomac pour qu'au moins, je sache pourquoi j'ai mal. Un gros sandwich, par exemple. Mais un vrai, un vrai de vrai. Miam !

Mirna va dormir chez nous ce soir encore. Je lui ai dit que ça commençait à bien faire (ha ! ha ! ha !), qu'elle commençait à me fatiguer à être toujours là (hi ! hi ! hi !). Il faut qu'elle répète, car demain, on a cours de piano et aussi de solfège. Et c'est bientôt l'examen.

Dear Mimmy,

Une nouvelle très très triste. NOUS N'AVONS PLUS DE CHAT. Cici est morte. C'est affreux. D'abord Cicko, et maintenant elle.

Chez la tante Boda aujourd'hui, je parlais de choses et d'autres, je lui disais que j'avais eu 3 en solfège, que la tante Irena m'avait donné un pantalon, que l'examen de piano, c'était bientôt. Et je lui ai demandé pourquoi on ne les avait pas vus hier soir.

La tante Boda : — Un problème...

Moi, bêtement : — Ah bon... quoi ?

Elle : — Nous n'avons plus de chat.

Moi, l'air perdu : — Pou-pourquoi... Cici n'est... pas... morte ?...

Moi toujours, une boule dans la gorge : — Je file. Je file à la maison. Faut que je rentre. Au revoir...

Et une fois à la maison : — BOUH-OUH-OUH ! OUIN-IN IN !

Papa et maman, en duo : — Qu'est-ce qui se passe ?

Moi : — Cici... Cici... Elle est morte...

Papa et maman, nouveau duo : — Aaaaah !...

Et alors, les grandes eaux. Non, ce n'est pas possible... Notre chat est mort. Le plus doux, le plus gentil, le plus beau, le plus merveilleux chat du monde. Pauvre petite Cici... Chaque fois que je repense à elle, elle qui était si douce, si câline, je pleure à chaudes larmes. Je sais qu'il se passe des choses effroyables, que des gens meurent, que c'est la guerre, ça n'empêche... Je suis terriblement triste. Elle nous mettait de bonne humeur, elle nous fai-

sait rire, elle remplissait notre vie. Ma belle Cici jaune.
Mon amie. Haris et Enes l'ont enterrée dans la cour de
l'immeuble auprès de Cicko. Ils ont fait une petite
tombe avec des tuiles. Elle le mérite.

Je suis très très triste.

Zlata.

Mercredi 11 août 1993

Dear Mimmy,

Aujourd'hui, c'est le premier jour sans Cici. Elle me
manque terriblement. Tout le monde est triste. On parle
d'elle, on se souvient combien elle était douce, et belle.

Elle devait avoir ses petits, et elle est morte en n'arri-
vant pas à les mettre au monde. Tu vois, Cici, tout est
de la faute de ce sale chat. Et moi qui aurais été si
contente d'avoir un chaton.

Ta Zlata.

Vendredi 13 août 1993

Dear Mimmy,

Les jours passent. Les jours passent sans Cici. Il faut
bien vivre...

J'ai reçu mon bulletin aujourd'hui. Je suis admise en
quatrième. J'ai des 5 partout.

Je passerai certainement mon examen de piano lundi.
J'ai le trac.

Zlata.

Dear Mimmy,

Nous avons reçu une lettre de Maja, Bojana et Nedo. Nedo est maintenant en Autriche, à Vienne. Ils sont tous réunis. La lettre est courte, ils pensent à nous tout autant que nous pensons à eux.

Une nouvelle. Nedo se marie le 26 août. Maja sera témoin. Si elle peut être là.

Ta Zlata.

Dear Mimmy,

Des journalistes, des photographes et des cameramen continuent de venir me voir. J'en connais déjà beaucoup. Certains reviennent pour la deuxième fois. Toute une liste de noms, Alexandra, Paul, Ron, Kevin... Je les aime bien. Alexandra m'a photographiée près de la FORPRONU aujourd'hui. J'étais avec Mirna.

J'ai oublié de te dire que la gazomanie arrive chez nous. Nous faisons mettre le gaz (je veux dire, installer). Mais est-ce qu'il y en aura ?

Le courant a été rétabli en ville. Mais les voleurs, les bandits, les criminels de chez nous ont dérobé le pétrole de la station transformatrice ; si bien que du courant, on n'en a pratiquement jamais. Et tu sais pourquoi ? Parce que le pétrole sert à faire rouler les voitures.

Ta Zlata.

Dear Mimmy,

Hier, j'ai entendu une nouvelle optimiste. A Genève, les « chers bambins » ont signé un accord sur la démilitarisation de Sarajevo. Que te dire — que j'ai bon espoir, que j'ai confiance ? Comment pourrais-je dire une chose pareille ? Tout ce que je croyais, tout ce que j'espérais ne s'est pas réalisé, et, par contre, tout ce que je ne croyais pas, tout ce que je n'espérais pas s'est réalisé.

Des journalistes italiens m'ont demandé aujourd'hui ce que je pensais de « Sarajevo ville ouverte ». Je leur ai bien répondu quelque chose, mais en fait, je crois que ces « chers bambins » s'amusent, je ne leur fais plus confiance et j'en ai par-dessus la tête de tout. Ce que je sais, moi, c'est qu'on n'a ni électricité ni eau ni nourriture, que l'on continue de se faire tuer, que l'on n'a plus de bougies, que le marché noir et les crimes augmentent, que les jours sont de plus en plus courts et qu'arrivera bientôt ce que tout Sarajevo craint — l'HIVER. Rien qu'à y penser, j'en ai des frissons.

Papa et maman disent souvent « Post nubila phoebus ». C'est du latin, Mimmy et ça veut dire « Après les nuages, le soleil ». Oui, mais quand ?

Zlata.

Jeudi 19 août 1993

Dear Mimmy,

Mirna a passé son examen de piano aujourd'hui. Elle a eu 5. Moi, ce sera sûrement demain. Il faut que je répète.

A part ça, le gaz a été coupé. On chuchote que le courant pourrait revenir demain. On verra bien.

                                                            Zlata.

Samedi 21 août 1993

Dear Mimmy,

Ces jours-ci, tout le monde est de mauvaise humeur. Papa, maman, Oncle Braco, Tante Melica, grand-père, grand-mère... Je ne sais pas pourquoi, mais tout le monde est nerveux.

Je t'ai dit, Mimmy, que Kenan (mon cousin, le fils de Tante Melica) est à l'hôpital. Non, non, attends, il n'est pas blessé... Rien de grave. La jaunisse. Sûrement à cause de l'eau, car ils tirent de l'eau d'une source qui n'est sans doute pas « propre ». Dans ce secteur-ci de la ville, on dirait que c'est l'épidémie.

Mirna est venue hier. Elle non plus n'est pas OK.

Avant-hier, je suis allée chez Dijana, ma cousine. J'ai regardé deux films chez elle : *Purple Rain* et *Diamants sur canapé*. J'adore Audrey Hepburn. Tu sais qu'Audrey H. est morte ?... Si, il y a un mois, ou deux... peut-être plus.

J'ai passé mon examen de piano, hier. Et j'ai eu 5. C'est super !

La situation politique est EMBROUILLÉE ET BÊTE. C'est peut-être pour ça que tout le monde est si nerveux. Ces « chers bambins » essaient à nouveau de se mettre d'accord. Ils dessinent des cartes, ils les colorient avec de belles couleurs, et moi j'ai l'impression qu'ils sont en train de tirer un trait sur l'homme, sur l'enfance et sur tout ce qui est beau, normal. On croirait vraiment des gosses.

Nous ne recevons pas de lettres. Je ne sais pas pourquoi, mais depuis quelques jours plus personne n'en reçoit.

Zlata.

Jeudi 26 août 1993

Dear Mimmy,

Nedo se marie aujourd'hui. Si, si, notre Nedo à nous. Comme dit Bojana, c'est « le jour du jugement dernier ». A partir d'aujourd'hui, il ne sera plus jeune homme, mais « chef de famille ». Elle est bien bonne !

Nous avons fait une petite fête en l'honneur de son mariage. Maman avait fait un gâteau (tu as entendu, un gâteau) en forme de cœur. Délicieux. La tante Boda et Alemka avaient préparé tout le reste — enfin, ce qu'on peut préparer avec cette guerre — des sandwichs, des petits croissants, de la pita (avec un peu de riz, un peu de betterave, et c'est très bien)...

On s'est réunis chez la tante Boda. Nedo et Amna étaient à Vienne. Mais par la pensée, on était avec eux et on leur a présenté tous nos vœux de bonheur. On a fait semblant d'être à un mariage, Mimmy, dans une vie où on fait semblant. Comme tout le temps à Sarajevo. On joue à faire semblant de vivre, pour que ce soit plus facile.

Ça me fait franchement drôle, Mimmy, je trouve ça marrant que Nedo se marie. La tante Boda a envoyé une carte de vœux avec le nom de tous les voisins et amis de Sarajevo. A la fin, elle a écrit : « Et de la part aussi d'une petite demoiselle jaune qui n'est plus... » C'est vrai, elle n'est plus là, mais on s'endurcit, Mimmy. Cette guerre nous endurcit et, petit à petit, on surmonte tout ce qui nous fait souffrir.

Ta Zlata.

Vendredi 27 août 1993

Dear Mimmy,

Hier, c'était le mariage de Nedo. Et aussi le départ de la tante Radmila et de l'oncle Tomo. Pour toujours. Ils ont quitté Sarajevo pour toujours. Depuis qu'ils n'avaient plus de logement, et plus rien à mettre dans un logement, ils habitaient l'appartement de quelqu'un d'autre. Ils ont dû le partager avec d'autres locataires et, comme ils étaient séparés de leurs enfants depuis le début de la guerre, ils sont partis recommencer une nouvelle vie quelque part et rejoindre leurs filles.

J'ai du chagrin que la tante Radmila soit partie. Elle était si gentille avec moi. Le nombre de fois qu'elle m'a offert des friandises, un chewing-gum, un sachet de lait en poudre, un fruit, une boisson chaude ! Sans parler de son magnifique bouquet : le plant de tomates.

Maman a de la peine. Elle aussi perd la tante Radmila, elle n'a plus que la tante Ivanka. Et j'ai comme l'impression qu'avec l'oncle Mirko, ils ne vont pas tarder à partir non plus. Eh oui, Mimmy, les amis s'en vont, nous allons leur dire adieu, mais nous, nous restons. Ciao !

Zlata.

Jeudi 2 septembre 1993

Dear Mimmy,

Alexandra (la photographe du *Figaro*) est venue. Elle est passée dire bonjour et tirer quelques photos. Ça fait plusieurs fois qu'on se rencontre ; je me sens très proche d'elle et on est devenues de vraies amies.

Elle est revenue de Mostar[1] bouleversée. Elle a dit que c'est horrible là-bas. Qu'en fait, il ne reste plus rien de Mostar. Une si jolie ville. Alexandra est effondrée après ce qu'elle y a vu.

Les gens disent que Sarajevo va subir le même sort. Mimmy, j'ai peur. Tu vois aujourd'hui ce qui est important ? Aujourd'hui, c'est le règne de la force, elle peut tout. Elle peut supprimer les gens, les familles, les villes. Pour la millionième fois, je te le demande. POURQUOI ? POURQUOI MOI? POURQUOI FAUT-IL QUE TOUT CELA SE PASSE ?

Alexandra rentre chez elle. Elle va retrouver son paisible pays. sa ville, ses amis, son travail. Elle a tant de cho-

---

1. Capitale de l'Herzégovine.

ses à retrouver là-bas. Et мoi ?... Moi, mon pays est en feu, en ruine, ma ville est détruite, mes amis sont réfugiés dans le monde entier... Mais heureusement, je t'ai toi, Mimmy, et tes lignes qui attendent tout le temps patiemment et sans rien dire que je les couvre de mes tristes confidences.

Avec Alexandra, je suis allée voir la Vijećnica, la vieille bibliothèque de Sarajevo. Des générations et des générations se sont nourries de ses richesses, ont feuilleté et lu la multitude de livres qu'elle contenait. Un jour, quelqu'un a dit qu'un livre était le bien le plus précieux, le meilleur ami que l'on puisse avoir. La Vijećnica était une mine de trésors. Le nombre d'amis qu'on y avait ! Tous les trésors, tous les amis que contenait ce superbe monument historique, nous les avons perdus. Tous ont disparu dans le feu qui les a engloutis.

La Vijećnica n'est qu'une mine de cendres et de briques ; ici et là, on aperçoit encore une feuille de papier avec des mots dessus. En souvenir de toute cette richesse, j'ai rapporté un morceau de brique et un bout de métal.

J'ai quitté Alexandra en espérant qu'on se reverrait bientôt.

Ta Zlata.

Samedi 4 septembre 1993

Dear Mimmy,

Hier, ça a de nouveau tonné un peu. L'autre jour, sur notre pont, un homme a été blessé par un sniper. Prvić

172

s'est fait voler le régulateur de pression de sa chaudière. On a le gaz chez nous (enfin... les tuyaux, car le gaz est coupé). Ça m'énerve de ne pas avoir d'électricité. Et de nourriture alors ? L'hiver est là, quand le courant sera revenu, on branchera les radiateurs. Le courrier n'arrive plus du tout, même par la FORPRONU. Ah, ouiii ! Samra s'est mariée hier. L'heureux élu s'appelle Zijo (GROS DÉFAUT : il a les mains moites). Maman et moi, nous sommes allées assister à un « acte solennel », « le mariage contracté par Kozarić Samra et Pehid Zijo » comme a dit l'officier de l'état civil. Cette dame a expédié tout ça à une telle allure que je n'ai même pas pu me rendre compte de ce qui se passait. Après ils sont tous allés au PREMIER pour le repas. Maman et moi, on est rentrées à la maison manger une mixture qui n'avait aucun goût. Aucun goût — oui, mais bonne. Et voilà, Mimmy, c'est comme ça !

Zlata, qui te salue bien.

Dimanche 5 septembre 1993

Dear Mimmy,

Tout le monde a les yeux et les oreilles tournés vers Genève. On discute à nouveau, on négocie. J'ai comme l'impression que ça ne finira jamais. En attendant, l'enfance passe, la jeunesse passe, la vie passe. Nous restons des témoins qui ne méritent pas de devoir endurer tout ça.

Nous avons appris aujourd'hui que les lettres n'arrivent plus à Sarajevo. S'il y a quelque chose de pire encore pour nous que les coupures d'eau, de gaz et d'électricité, c'est bien ça, car les lettres sont les seules choses qui nous relient encore au monde. Et ce lien a été coupé. C'est assez, maintenant !

Žika m'a rapporté une merveille aujourd'hui. Une orange. Une vraie ! « Attends, m'a dit maman, que je voie si je me rappelle encore comment on pèle une orange... » Et... non, elle n'avait pas oublié. Elle a su. Une orange pleine de jus. MIAM !

Nous sommes allés chez Djoko (l'oncle de Bojana et de Verica). Pour voir si elles n'avaient pas laissé des chaussures. Les miennes sont trop petites. Mais non, je n'en ai pas trouvé. Rien ne bouge, chère Mimmy, mais moi je grandis.

Djoko nous a appris une triste nouvelle. L'état de Slobo s'est encore aggravé, et il a été transféré au VMA[1] de Belgrade. Doda et Dejan, eux, sont partis en Slovénie. Ils sont à nouveau séparés. Triste destin d'une famille. Ciao !

Zlata.

Lundi 6 septembre 1993

Dear Mimmy,

C'est la rentrée. Je suis en quatrième. De nouvelles matières, de nouvelles choses à savoir, de nouvelles activités, de nouvelles journées d'école ; et je n'ai pas le trac

---

1. Hôpital militaire de Belgrade (Serbie). Un des plus grands hôpitaux de l'ex-Yougoslavie.

comme les autres années. Là aussi, c'est sûrement dû à la guerre.

Dans la même salle, il y a quatre classes regroupées. Les premiers font du serbo-croate, les deuxièmes de la biologie, les troisièmes de l'anglais, les quatrièmes de la chimie. C'est terrible, Mimmy, ça me fait de la peine. J'aurais mérité une école normale. Tu ne crois pas ? Qu'ai-je donc fait pour ne pas la mériter ?

Ta Zlata.

Mercredi 8 septembre 1993

Dear Mimmy,

J'ai reçu une lettre aujourd'hui. Une lettre de mon ami de Vienne. Oui, de mon ami Nedo. Le plaisir que ça m'a fait. Inutile de te raconter, tu le sais.

« Ma chère Fipa,

« Je regrette vraiment de n'avoir pu assister à la présentation de ton Journal, mais j'ai mon exemplaire et je ne le donnerai à personne (ou alors, il faudra me l'arracher des mains).

« Je dois t'avouer que pour moi aussi, ça a été très, très pénible le soir où je suis parti. Je "jouais les durs", mais j'avais une boule dans la gorge, je n'arrivais plus à parler. Une partie de moi est restée, elle est avec vous à Sarajevo.

« Mais un jour, quelque part, on se reverra, et on rira de tous nos ennuis, des petits comme des grands.

175

« A pas lents, la raison vient aux gens.

Nedo qui t'aime très fort. »

Ce n'est qu'une partie de la lettre de Nedo, elle se trouve sur la table, je la lis et je la relis. Je l'apprends par cœur, comme toutes les autres lettres. Celle de Nedo va être elle aussi classée dans mes « archives de guerre ».

Paul (un journaliste) est venu pour me rencontrer aujourd'hui. Il repart pour Londres. J'étais à l'école, je ne l'ai donc pas vu. Mais il a dit qu'il reviendrait à la fin du mois. On pourra donc se revoir. Et je serai bien contente car Paul est devenu un ami pour moi. Ciao, Paul, à la prochaine fois !

Zlata.

Jeudi 9 septembre 1993

Dear Mimmy,

Aujourd'hui, c'est l'anniversaire de maman. Je lui ai fait un énoooorme baiser et souhaité un « Joyeux anniversaire, maman ». Je n'avais rien d'autre à lui donner.

C'est son deuxième anniversaire de guerre. Le mien arrive. Décembre approche. Est-ce que ce sera un anniversaire de guerre ? Un de plus ?

Ta Zlata.

Dear Mimmy,

C'est reparti. Les bombardements ont repris, et tout le monde est nerveux. Nous repensons à la cave, nous craignons que ça recommence. J'espère sincèrement que non. Mais, ici, espérer, ça ne veut rien dire.

Demain, je vais aller à Skenderija, à la FORPRONU — chez le dentiste. Tous les enfants de notre quartier y sont allés, c'est mon tour.

L'école ! Qu'est-ce que je suis déçue ! Il y a des tas d'enfants qui ont perdu leur année l'an dernier. Je n'ai vraiment pas l'impression d'être en quatrième, mais toujours en sixième comme en ce mois d'avril d'il n'y a pas si longtemps, en avril 92. Le temps paraît s'être arrêté à ce moment-là.

Les livres ne sont pas à moi, ils ne sont pas neufs. Il y en a de Bojana, d'autres de Martina, d'autres de Dijana, et les autres, c'est Mirna qui me les a donnés. Les stylos sont vieux, les cahiers à moitié écrits, ils datent des années précédentes. La guerre a même réussi à gâcher l'école et la vie des écoliers.

A l'école de musique, je suis en sixième année. La prof m'a dit de pratiquer tous les jours et de rester « le derrière collé » sur le tabouret. C'est la dernière année. Il faut prendre ça au sérieux.

Demain à Sarajevo des tas de journalistes, de photographes, d'équipes télé arrivent de France. Alexandra et Christian peut-être aussi. Ils me manquent.

Ta Zlata.

Dear Mimmy,

Ces « chers bambins » discutent à nouveau, ils signent quelque chose. Ils nous laissent encore une fois espérer que cette folie va finir. Demain, les armes doivent se taire, et le 21 septembre, à l'aéroport de Sarajevo, tous doivent signer LA PAIX.

La guerre va-t-elle prendre fin avec le premier jour d'automne ?

J'ai tellement été déçue par tous les cessez-le-feu et toutes les signatures d'accords précédents que je n'y crois pas. Non, je ne peux pas y croire car aujourd'hui encore, un obus a coûté la vie à un petit garçon de trois ans et blessé sa sœur et sa mère.

Tout ce que je sais, c'est que leur petit jeu a fait à Sarajevo quinze mille morts dont trois mille enfants, cinquante mille infirmes à vie que l'on voit dans la rue avec des cannes, dans des fauteuils roulants, et qui n'ont plus de bras ou de jambes. Je sais aussi qu'il n'y a plus de places dans les cimetières et dans les parcs pour de nouvelles victimes.

Peut-être que pour cette raison, cette folie devrait cesser.

Ta Zlata.

178

Dear Mimmy,

Je pense sans arrêt à Sarajevo, et plus j'y pense, plus j'ai l'impression que Sarajevo cesse d'être ce qu'elle était. Tant de morts et tant de blessés. De monuments historiques détruits. De trésors en livres et en tableaux disparus. D'arbres centenaires sciés. Tant de gens qui ont quitté Sarajevo pour ne plus jamais y revenir. Il n'y a plus d'oiseaux, sinon un malheureux moineau qui crie. Une ville morte. Et les seigneurs de la guerre continuent de discuter, de dessiner des cartes, de les rayer — jusqu'à quand, je ne sais pas. Jusqu'au 21 septembre ? Je n'y crois pas.

Ta Zlata.

Lundi 20 septembre 1993

Dear Mimmy,

Tous les regards, toutes les oreilles sont dirigés vers le match Guerre-Paix de demain. Tout le monde attend cette rencontre historique sur l'aéroport de Sarajevo. Et tout à coup tombe une nouvelle inattendue. Les seigneurs de la guerre, serbes, croates et musulmans se sont rencontrés sur un navire de guerre dans l'Adriatique. Pour un nouveau naufrage ?... La suite au prochain numéro !

Ta Zlata.

Mardi 21 septembre 1993

Dear Mimmy,

Le match historique GUERRE-PAIX est reporté. Ça veut dire que la PAIX a encore une fois perdu. J'en ai franchement marre de cette politique !

Ta Zlata.

Mercredi 22 septembre 1993

Dear Mimmy,

Même si je t'avais dit que je ne croyais pas au 21 septembre 1993, au fond de moi scintillait pourtant une petite étincelle d'espoir. C'est loupé.

La politique m'empoisonne la vie.

Dear Mimmy,
ta Zlata qui t'aime.

Samedi 25 septembre 1993

Dear Mimmy,

L'électricité est rétablie, mais il y a des rationnements. Un plan complètement bête, aussi bête que notre vie. Toutes les cinquante-six heures, on nous donne quatre heures de courant. Tu verrais, Mimmy, la maison de dingues quand le courant arrive ! Une montagne de linge sale attend la machine. Et une montagne plus haute encore de linge lavé attend le fer à repasser. La pous-

sière attend l'aspirateur. Et il faut encore faire un peu
de cuisine, cuire le pain, et on regarderait bien aussi un
petit quelque chose à la télé. Il faut se laver les cheveux
et se les sécher avec le sèche-cheveux. Non, c'est impensable. Renversant.

Maman me répète à chaque fois : « Ça va sauter, on
n'en aura plus du tout. C'est insupportable. » Allons,
maman.

L'eau, on en a plus souvent.

Pour le pain, il y a à nouveau des problèmes, même
si on a de l'électricité. On a droit à trois cents grammes
par personne... tous les trois jours ! C'est ridicule.

A midi, j'ai bien ri quand papa a dit : « Pas mauvais,
notre déjeuner à l'allemande. » Tu te demandes pourquoi « à l'allemande », Mimmy ? C'était une salade de
pommes de terre aux oignons achetée au marché des
« riches » contre des deutsche Mark. Avec, il y avait une
boîte de poisson d'une marque allemande provenant de
l'aide humanitaire. Alors, c'était « à l'allemande », non ?

Ta Zlata.

Mercredi 29 septembre 1993

Dear Mimmy,

J'attendais avec impatience les 27 et 28 septembre
1993. Le 27, c'était l'Assemblée des Intellectuels bosniaques, et le 28, la session de l'Assemblée nationale. Avec
pour résultat l'« acceptation sous conditions » des
accords de Genève. SOUS CONDITIONS. Ça veut dire quoi ?
Pour moi, ça veut dire qu'on refuse ces accords, car ce

n'est pas la paix. Pour moi, ça veut dire que la guerre continue et que continue aussi tout ce qu'elle apporte avec elle.

Une fois encore le cercle se referme. Les cercles, Mimmy, se referment toujours, et nous, on étouffe à l'intérieur.

Je souhaiterais parfois qu'il me pousse des ailes pour pouvoir m'envoler loin de cet enfer.

Comme Icare.

D'autre moyen, il n'y en a pas.

Mais il faudrait aussi que maman ait des ailes, et papa, et grand-père et grand-mère, et aussi... toi, Mimmy.

Mais ça ne se peut pas, l'homme n'est pas un oiseau.

Il faut donc que je continue d'endurer tout ça, avec toi, Mimmy, et en espérant que ça va se terminer et que je ne finirai pas comme Anne Frank. Que je pourrai de nouveau être une enfant qui vit son enfance dans la paix.

Zlata qui t'aime.

Lundi 4 octobre 1993

Dear Mimmy,

La vie en cercle fermé se poursuit. Tu te demandes à quoi ça ressemble, ce genre de vie ? C'est une vie que l'on passe dans l'attente et la peur, une vie que l'on passe en espérant que le cercle s'ouvrira, que le soleil de la paix brillera à nouveau.

Aujourd'hui, alors que je faisais du piano, maman est venue dans ma chambre me dire que j'avais une visite.

Je suis arrivée dans le salon et j'ai aperçu ALEXANDRA. Elle est arrivée ce matin de Paris. Fatiguée, belle, contente. Ça m'a fait plaisir de la voir. J'avoue que j'attendais ce jour avec impatience, car elle est vraiment formidable. La voilà donc revenue à Sarajevo, nous pourrons nous voir.

Zlata.

Jeudi 7 octobre 1993

Dear Mimmy,

Ces derniers jours, la routine. Pas de bombardements, Dieu merci, je vais à l'école, je lis, je joue du piano.

L'hiver approche et nous n'avons rien pour le chauffage.

Je regarde le calendrier, cette année 1993 semble partie pour être une année complète de guerre. Mon Dieu... deux ans de perdus à écouter les bombardements, à souffrir du manque d'électricité, d'eau, de nourriture, et à espérer la paix.

Je regarde papa et maman. En deux ans, ils ont vieilli autant qu'en dix ans de paix. Moi ? Je n'ai pas vieilli, j'ai grandi, même si je ne sais pas de combien. Je ne mange pas de fruits, pas de légumes, je ne bois pas de jus de fruits, je ne mange pas de viande... Je suis une enfant du riz, des haricots secs et des spaghetti. Non... ! je parle une fois encore de nourriture ! Je me surprends souvent à rêver de poulet, de bons schnitzels[1], de lasagnes... Ah, assez maintenant, parlons d'autre chose.

Zlata.

Mardi 12 octobre 1993

Dear Mimmy,

Je ne sais plus si je te l'ai dit, cet été j'ai envoyé par l'école une lettre à un ami inconnu d'Amérique, une fille ou un garçon.

J'ai eu une réponse aujourd'hui. D'un garçon. Il s'appelle Brandon, il a douze ans comme moi et habite Harrisburg en Pennsylvanie. Je suis ravie.

Je ne sais pas qui a inventé les lettres et la poste, mais je lui dis un grand merci. J'ai maintenant un ami en Amérique, et Brandon a une amie à Sarajevo. C'est la première lettre qui m'arrive après avoir traversé l'Atlantique. Dans la lettre, il y avait aussi une enveloppe pour la réponse et un beau stylo.

Aujourd'hui, pendant le cours de gym sont arrivées une équipe de la télévision canadienne et une journaliste du *Sunday Times* (Janine). Ils m'ont offert deux petits chocolats. Un régal. Il y avait longtemps que je n'avais rien mangé d'aussi délicieux.

Zlata qui t'aime.

---

1. Escalopes panées.

Dear Mimmy,

Nous avons reçu aujourd'hui une lettre d'Oga et de Jaca d'Italie. Dans la lettre, il y avait une photo. Oga est vraiment une jeune fille maintenant, et à lire sa lettre, on voit qu'elle est sérieuse et mûre. J'ai eu du mal à la reconnaître. Maman a éclaté en sanglots en voyant la photo. La lettre nous a fait plaisir. Elle est datée du mois d'août ; elle a mis longtemps, très longtemps pour arriver ici.

Ils t'ont lue aussi, Mimmy, je leur ai envoyé un exemplaire, et ils disent qu'en te lisant, ils pleuraient et riaient en même temps. Voilà ce que dit Oga :

> « Je nous revois souvent là-haut à la Jahorina. Mais aujourd'hui, ça n'est plus qu'un beau souvenir. Le ski, la luge sur la route, les châteaux de neige, les papotages avant de dormir, les anniversaires, les réveillons. Les merveilleux souvenirs de parties de plaisir qui ont pris fin subitement et qui ne se répéteront jamais plus.
>
> « A la Jahorina, toutes les maisons ont été pillées, on a même démonté les interrupteurs. Les imbéciles ! Alors que dans ces maisons, on aurait pu reloger des réfugiés.
>
> « Ça me serait très pénible de voir ça. Il ne nous reste plus que les souvenirs. »

J'ai essayé d'imaginer ces maisons abandonnées où l'herbe pousse. Je te l'avoue, Mimmy, ma gorge s'est ser-

185

rée. La guerre aura donc détruit **également** la Jahorina et tous les moments merveilleux qu'on y a passés.

Ils m'invitent en Italie et disent que je ne mérite pas de rester ici. Je le souhaiterais de tout mon cœur, mais c'est impossible. Personne ne peut quitter cette ville maudite.

Ces derniers jours, les bombardements diminuent ; en fait, ils ont presque cessé, et papa et maman réfléchissent sans arrêt à l'avenir. Ils disent que, dans cette ville, il n'y en a aucun. C'est ce que pensent beaucoup de gens. Mais sortir de cette ville, c'est impossible.

> Zlata qui t'aime.

Jeudi 14 octobre 1993

Dear Mimmy,

On dirait que ces dingues dans les collines ont lu ce que je t'écrivais hier à propos des bombardements. Ils veulent me prouver qu'ils sont toujours là. Aujourd'hui ils ont bombardé. Des obus sont tombés près du marché, et nous ne savons rien de grand-père et grand-mère. Les pauvres. Ces fous n'ont pas seulement volé mon enfance et celle des autres enfants, ils ont volé aussi la vieillesse paisible de mon grand-père, de ma grand-mère et des autres vieilles personnes. Ils les empêchent de vivre dans la paix le temps qui leur reste à vivre. Ça aussi, il aura fallu qu'ils le gâchent.

Aujourd'hui, je ne suis pas allée à l'école, ni au cours de musique. On nous a reconduits, je vais donc devoir passer toute la journée à la maison, à lire, à jouer du piano ou à rendre visite à Nejra et Haris. Aujourd'hui, je devais aller chez Mirna ; ce plaisir-là aussi, ils me l'ont gâché.

Je ne t'ai pas dit, Mimmy, que tu vas faire le tour du monde. On va te publier dans le monde entier. Je t'ai donnée pour que tu racontes au monde ce que je t'ai raconté, moi. Je t'ai parlé de la guerre, de moi, de Sarajevo dans la guerre, et le monde veut découvrir ça à travers nos lignes. Je t'ai dit ce que je ressentais, ce que je voyais et entendais ; maintenant les gens en dehors de Sarajevo le sauront aussi. Bon voyage pour ton tour du monde, Mimmy.

Ta Zlata.

Dimanche 17 octobre 1993

Dear Mimmy,

Hier, nos « amis des collines » nous ont rappelé qu'ils sont toujours là et qu'ils peuvent tuer, blesser, détruire... Hier a été véritablement une journée horrible.

Cinq cent quatre-vingt-dix obus. Dès 4 h 30 du matin, toute la journée. Six morts, cinquante-six blessés. C'est le bilan pour la journée d'hier. Le pire, ça a été à Souk-bunar[1]. Nous ne savons rien pour tante Melica. Il paraît que là-haut, les maisons ont été éventrées.

On est descendus dans la cave. Cette stupide cave glacée et noire que je hais. Quatre heures entières, on y est restés ! Ça tonnait. Tous les voisins étaient avec nous.

---

1. Quartier surplombant Skenderija, à Sarajevo.

UNE FOIS DE PLUS ! Une fois de plus, ils ont brisé, ruiné tous nos espoirs, tout fichu par terre. Ils n'allaient plus le faire, à ce qu'il paraissait. C'était bientôt la fin, tout devait se démêler. CETTE STUPIDE GUERRE DEVAIT SE TERMINER.

Seigneur Dieu, pourquoi faut-il qu'ils nous abîment tout ? Je me dis quelquefois qu'il vaudrait mieux que les bombardements ne cessent pas pour que nous ne tombions pas de si haut quand ils reprennent. Là, on se laisse un peu aller, puis ça RECOMMENCE. Je suis sûre maintenant que ça ne finira jamais. Certains ne veulent pas que ça s'arrête, des gens mauvais qui haïssent les enfants et les gens comme nous.

Je me dis sans arrêt qu'on est tout seuls dans cet enfer, que personne ne pense à nous, que personne ne nous tend la main. Pourtant, il y a des gens qui pensent, qui s'inquiètent pour nous.

Hier, une équipe de la télévision canadienne est venue avec Janine pour voir comment on supportait cette folie de bombardements. Un beau geste. Humain.

Et quand nous avons vu Janine des provisions plein les bras, nous avons éclaté en sanglots. Alexandra était là aussi.

Des gens humains s'inquiètent pour nous, pensent à nous, des gens inhumains veulent nous détruire. Pourquoi ? Je me pose encore une fois la même question : Pourquoi ?...

Nous n'avons rien fait. Nous sommes innocents. Et nous ne pouvons rien faire !

Zlata.

Mardi 19 octobre 1993

Dear Mimmy,

Alexandra est rentrée à Paris, elle t'a emportée avec elle, Mimmy. Elle a emmené les confidences que je t'ai faites. En France, on va les publier, les gens les liront et, un petit instant au moins, seront avec moi, ici, à Sarajevo. Je vais continuer à me confier à toi, Mimmy, à te raconter ma pauvre vie.

Zlata.

LA BOSNIE CHANTE DANS SON CALVAIRE
de Faruk Jažić

Le soleil d'or resplendit
Et les lis d'or sont en fleur
Pour toi ma Herzégovine-Bosnie
A nouveau la guerre, l'horreur. } *2 fois*

Ô, mon Dieu, préserve ma Bosnie.

Des ruines partout
Le feu mange tout
Le cœur se serre
La Bosnie chante,
La Bosnie chante dans son calvaire.

Êtes-vous heureux derrière les montagnes
Quand vous détruisez ce qu'on ne détruit pas ?
Quand vous divisez ce qu'on ne divise pas ?
N'oubliez pas que Dieu vous voit.

Ô, mon Dieu, préserve ma Bosnie.

Des ruines partout
Le feu mange tout
Le cœur se serre
La Bosnie chante,
La Bosnie chante dans son calvaire.

Le soleil d'or resplendira
Et les lis d'or refleuriront
Herzégovine-Bosnie, pour toi
La guerre, l'horreur passeront.　} *2 fois*

Ô, mon Dieu, fais vivre ma Bosnie.

Des ruines partout
Le feu mange tout
Le cœur se serre
La Bosnie chante,
La Bosnie chante dans son calvaire.　} *2 fois*

Recopié par Zlata Filipović.

Postface du journal de Zlata

Zlata se remémore ses derniers jours à Sarajevo et son arrivée à Paris.

Dear Mimmy,

PARIS. Il y a du courant, de l'eau, il y a du gaz. Il y a... Il y a de la vie, Mimmy. Oui, de la vie, de la lumière vive, des voitures qui circulent, des gens, de la nourriture... Ne crois pas que j'ai perdu la tête, Mimmy. Paris, tu entends ? Mais non, je ne suis pas folle, je ne plaisante pas, c'est vraiment Paris ! Et (tu imagines ?) quelque part dans Paris, il y a moi. Moi, maman et papa. Enfin !... Tu dois être à 100 % persuadée que je suis folle, mais, ma chère Mimmy, je te parle très sérieusement, je suis à Paris. Je suis venue pour être avec toi. Tu es de nouveau à moi, et toutes les deux, nous entrons dans la lumière. Fini, l'obscurité. L'obscurité est derrière nous, nous sommes dans la lumière allumée par de braves gens. Tu te rappelleras, Mimmy : de braves gens. Des lampes, des milliers de lampes — pas des bougies — m'éclairent de la lumière de Paris. Oui, de Paris. Tu ne comprends sûrement pas. Tu sais, moi non plus, je n'y comprends rien. J'ai l'impression d'avoir perdu la tête, de rêver, d'être au beau milieu d'un conte de fée, mais tout est bien VRAI. D'accord, je vais t'expliquer.

Tu te rappelles sûrement du 8 décembre, Mimmy ? Le jour où ça devait être Paris et où ça a été Sarajevo. Le jour où je devais partir et je suis restée. Je dois te remémorer tout ça.

Le 6 décembre, trois jours après mon anniversaire (le deuxième pendant la guerre), la maison d'édition nous a dit que nous devions nous tenir prêts mercredi 8 décembre, qu'on viendrait nous chercher, direction Paris, pour la promotion du livre, Mimmy. C'était un vrai choc. Bien que j'eusse voulu quitter cet enfer, échapper avec mes parents à la mort, à la faim, à l'hiver — car c'était devenu insupportable — c'était tout de même un choc. Nous avions un jour (car nous n'avions été prévenus que le 6 décembre au soir) pour nous faire à l'idée de partir de Sarajevo ; pour faire nos adieux à grand-père et à grand-mère, à toute la famille, à Mirna ; pour faire nos bagages et être prêts pour 8 heures, mercredi 8 décembre. Un transporteur de troupes de la FORPRONU viendrait nous chercher à ce moment-là. Pour moi, le plus dur était de me faire à l'idée que j'allais laisser derrière moi tous les gens qui me sont chers, tout en sachant parfaitement dans quelle situation je les laissais. Je les laissais dans la guerre, dans la misère, sans eau, sans courant, ni gaz ou aliments. Et qui sait quand et même si je les reverrais un jour.

C'est possible d'expliquer ces sentiments où se mêlent le chagrin et la joie. La joie de quitter la guerre et le chagrin de laisser TOUT derrière soi. TOUS CEUX QUI ME SONT CHERS. Oh, Mimmy, que de larmes! Faire ses adieux en larmes, faire ses bagages en larmes. J'ai pleuré et tous ceux qui me sont chers aussi (mais c'est surtout moi qui ai pleuré). J'ai pleuré en empaquetant mes affaires et je pense que toutes les choses qui devaient normalement partir avec moi et sont restées peut-être pour attendre mon retour à Sarajevo un jour — ont pleuré. Je voulais tout prendre, parce que j'aimais absolument tout, mais ma valise n'était pas assez grande. J'ai dû faire un choix. C'était dur et triste, mais au moins Bimbilimbica et Panda ont eu de la chance car j'ai tout juste réussi à les entasser dans la valise.

La journée a été courte et on a versé des larmes la plupart du temps. La nuit, qui a été tout aussi courte, on a fait nos bagages en larmes, à la lueur d'une bougie.

Mercredi 8 décembre, à 8 heures. Tout était prêt. Nous avions pleuré toutes les larmes de nos corps, fait nos adieux et préparé nos bagages pour le voyage qui devait durer qui sait combien de temps! Huit heures ont sonné. Pas de transporteur de troupes. Nous avons attendu. Midi. Pas de transporteur de troupes. Quatre heures de l'après-midi. Toujours pas de transporteur de troupes. Pourquoi? Qui sait? Quelque chose n'a pas marché. De nouveau ces drôles de sentiments contradictoires, de nouveau cette sensation d'espoirs envolés.

Ce soir-là, j'ai participé à une émission de télévision en duplex et j'ai parlé avec M. François Léotard, le ministre français de la Défense. Il m'a promis de faire tout ce qui était en son pouvoir pour nous aider, moi et mes parents, à quitter Sarajevo. Et... il a tenu sa promesse.

En effet, le 22 décembre un conseiller de M. Léotard, M. Jean-Christophe Rufin, est venu à Sarajevo pour négocier avec les « forces en présence ». Il a tout arrangé et nous a dit de nous tenir prêts le 23 décembre car un transporteur de troupes de la FORPRONU viendrait nous chercher. Pas de choc cette fois-ci. Peut-être parce que nous avions survécu à celui du 8 décembre et que nous en étions venus à penser qu'à Sarajevo, tout est possible.

Nous n'y avons cru qu'à moitié. Peut-être est-ce pour cela que les larmes n'ont pas autant coulé qu'auparavant.

Le 23 décembre, à 10 heures, le transporteur de troupes est effectivement venu, ainsi que M. Rufin et M. Guy de Battista (de la FORPRONU). Ils ont étendu les bras et nous sommes finalement montés dans le transporteur.

Par la petite fenêtre du véhicule, on voit défiler la poste, la faculté de droit, l'Holiday Inn, Marin Dvor, le palais Pofalici, Hrasno, Alispasino polje, Nedzarici... tout Sarajevo... et on arrive à l'aéroport sans problèmes. Tout le monde nous accueille gentiment. M. Rufin nous serre chaleureusement la main pour nous donner du courage. On nous offre à manger, à boire, des friandises. Et nous bavardons. Très souvent, nos yeux se remplissent de larmes, à cause de ce sentiment toujours présent de joie et de chagrin mêlés.

En Hercules, un avion transporteur, nous traver-

196

sons alors la Bosnie-Herzégovine, puis nous la laissons derrière nous avant d'atteindre l'Adriatique.

Je vois tout de la cabine de pilotage. Atterrissage à Ancône. Nous descendons du Hercules avec M. Rufin, notre ami Jean-Christophe Rufin, et nous embarquons à bord d'un petit avion du gouvernement français, direction PARIS. Dans l'avion, on nous sert du Coca-Cola, du saumon, des œufs, du bifteck, du poulet, des tomates... MIAM MIAM !... Tout ce que je n'ai pas mangé depuis presque deux ans.

Apparaissent alors les lumières de Paris. Il y a de l'électricité. J'aperçois la tour Eiffel, l'Arc de Triomphe, les voitures, les routes, les gens... la vie.

Vers 17 heures, nous atterrissons à l'aéroport militaire de Paris. Une superbe réception nous attend, on nous souhaite la bienvenue. On me remet une lettre amicale et chaleureuse de François Léotard.

Puis direction l'hôtel du Cercle National des Armées en voiture. Puis une DOUCHE, de l'EAU, un BAIN, de l'EAU CHAUDE, de l'EAU FROIDE, un SHAMPOOING, une DOUCHE. Divin ! Pas le temps de nous familiariser avec cette eau plus d'une heure car nous devons passer à la télévision.

Devant l'immeuble de TF 1, Alexandra nous attend avec un grand bouquet de fleurs. Elle nous souhaite la bienvenue, nous embrasse et nous serre la main. Nous faisons la connaissance de M. Bernard Fixot et de ses collègues. Ils ont les yeux qui brillent : la joie de nous voir enfin à Paris. L'opération de fuite hors de l'enfer de Sarajevo est un succès. Merci. Mille fois merci à tous. Merci, c'est tout ce que je peux dire. Merci Alexandra, merci M. Fixot, merci M. Léotard, merci

M. Rufin, merci M. de Battista, merci à Boba de Sarajevo.

Je ne sais pas si j'ai bien su t'expliquer tout ça. Il s'est passé tellement de choses et on a eu tellement de choses à faire : raconter aux gens comment c'était et quelle est la condition des enfants à Sarajevo, essayer de leur faire comprendre. C'était comme dans un film.

C'est comme ça que Paris m'a accueillie ; c'est comme ça que je suis sortie de l'obscurité pour aller vers la lumière. Est-ce que cette lumière est aussi la mienne ? Je me le demande. Quand même un simple rayon de cette lumière illuminera l'obscurité de Sarajevo, alors ce sera également ma lumière. Jusque-là...

Zlata.

CRÉDITS PHOTOGRAPHIQUES

Pages 3, 4, 6, 7, 10, 12, 15, 16, 18, 21, 23 : Robert Laffont / Fixot.
Pages 1, 2, 5, 8, 9, 11 : collection particulière.
Pages 13, 14, 13, 17, 19, 20, 22, 24 : Alexandra Boulat / SIPA PRESS.

ÉGALEMENT CHEZ POCKET
LITTÉRATURE « GÉNÉRALE »

ALBERONI FRANCESCO
Le choc amoureux
L'érotisme
L'amitié
Le vol nuptial

ARNAUD GEORGES
Le salaire de la peur

BARJAVEL RENÉ
Les chemins de Katmandou
Les dames à la licorne
Le grand secret
La nuit des temps
Une rose au paradis

BERBEROVA NINA
Histoire de la baronne Boudberg
Tchaïkovski

BERNANOS GEORGES
Journal d'un curé de campagne
Nouvelle histoire de Mouchette
Un crime

BESSON PATRICK
Le dîner de fille

BLANC HENRI-FRÉDÉRIC
Combats de fauves au crépuscule
Jeu de massacre

BOULGAKOV MICHAEL
Le maître et Marguerite
La garde blanche

BOULLE PIERRE
La baleine des Malouines
L'épreuve des hommes blancs
La planète des singes
Le pont de la rivière Kwaï
William Conrad

BOYLE T. C.
Water Music

BRAGANCE ANNE
Anibal
Le voyageur de noces
Le chagrin des Resslingen

BRONTË CHARLOTTE
Jane Eyre

BURGESS ANTHONY
L'orange mécanique
Le Testament de l'orange

BUZZATI DINO
Le désert des Tartares
Le K
Nouvelles (Bilingue)

CARRIÈRE JEAN
L'épervier de Maheux

CARRIÈRE JEAN-CLAUDE
La controverse de Valladolid
Le Mahabharata
La paix des braves
Simon le mage

CESBRON GILBERT
Il est minuit, Docteur Schweitzer

CHANDERNAGOR FRANÇOISE
L'allée du roi

CHANG JUNG
Les cygnes sauvages

CHATEAUREYNAUD G.-O.
Le congrès de fantomologie

CHOLODENKO MARC
Le roi des fées

COURRIÈRE YVES
Joseph Kessel

DAVID-NÉEL ALEXANDRA
Au pays des brigands gentils-hommes

Le bouddhisme du Bouddha
Immortalité et réincarnation
L'Inde où j'ai vécu
Journal
   tome 1
   tome 2
Le Lama aux cinq sagesses
Magie d'amour et magie noire
Mystiques et magiciens du Tibet
La puissance du néant
Le sortilège du mystère
Sous une nuée d'orages
Voyage d'une Parisienne à
   Lhassa

DENIAU JEAN-FRANÇOIS
La Désirade
L'empire nocturne
Le secret du roi des serpents
Un héros très discret
Mémoires de 7 vies

FERNANDEZ DOMINIQUE
Le promeneur amoureux

FITZGERALD SCOTT
Un diamant gros comme le Ritz

FORESTER CECIL SCOTT
Aspirant de marine
Lieutenant de marine
Seul maître à bord
Trésor de guerre
Retour à bon port
Le vaisseau de ligne
Pavillon haut
Le seigneur de la mer
Lord Hornblower
Mission aux Antilles

FRANCE ANATOLE
Crainquebille
L'île des pingouins

FRANCK DAN / VAUTRIN JEAN
La dame de Berlin
Le temps des cerises
Les noces de Guernica

GENEVOIX MAURICE
Beau François

Bestiaire enchanté
Bestiaire sans oubli
La forêt perdue
Le jardin dans l'île
La Loire, Agnès et les garçons
Le roman de Renard
Tendre bestiaire

GIROUD FRANÇOISE
Alma Mahler
Jenny Marx

GRÈCE MICHEL DE
Le dernier sultan
L'envers du soleil – Louis XIV
La femme sacrée
Le palais des larmes
La Bouboulina

HERMARY-VIEILLE CATHERINE
Un amour fou
Lola

INOUÉ YASUSHI
Le geste des Sanada

JACQ CHRISTIAN
L'affaire Toutankhamon
Champollion l'Egyptien
Maître Hiram et le roi Salomon
Pour l'amour de Philae
Le Juge d'Egypte
   1. La pyramide ancienne
   2. La loi du désert
   3. La justice du Vizir
La reine soleil
Barrage sur le Nil
Le moine et le vénérable

JOYCE JAMES
Les gens de Dublin

KAFKA FRANZ
Le château
Le procès

KAZANTZAKI NIKOS
Alexis Zorba
Le Christ recrucifié
La dernière tentation du Christ

Les merveilleux nuages
Musiques de scènes
Républiques
Sarah Bernhardt
Un certain sourire
Un orage immobile
Un piano dans l'herbe
Les violons parfois

SALINGER JEROME-DAVID
L'attrape-cœur
Nouvelles

SCHREINER OLIVE
La nuit africaine

STOCKER BRAM
Dracula

TARTT DONNA
Le maître des illusions

TROYAT HENRI
L'araigne
La clé de voûte
Faux jour
La fosse commune
Grandeur nature
Le jugement de Dieu
Le mort saisit le vif

Les semailles et les moissons
  1. Les semailles et les moissons
  2. Amélie
  3. La Grive
  4. Tendre et violente Elisabeth
  5. La rencontre
Le signe du taureau
La tête sur les épaules

VIALATTE ALEXANDRE
Antiquité du grand chosier
Badonce et les créatures
Les bananes de Königsberg
Les champignons du détroit de
  Behring
Chronique des grands micmacs
Dernières nouvelles de l'homme
L'éléphant est irréfutable
L'éloge du homard et autres
  insectes utiles
Et c'est ainsi qu'Allah est grand
La porte de Bath Rahbim

WALLACE LEWIS
Ben-Hur

WALTARI MIKA
Les amants de Byzance
Jean le Pérégrin

ROMAN

ASHLEY SHELLEY V.
L'enfant de l'autre rive
L'enfant en héritage

BEAUMAN SALLY
Destinée

BENNETT LYDIA
L'héritier des Farleton
L'homme aux yeux d'or

BENZONI JULIETTE
Les dames du Méditerranée-Express
   1 — La jeune mariée
   2 — La fière Américaine
   3 — La princesse mandchoue

Fiora
   1 — Fiora et le magnifique
   2 — Fiora et le téméraire
   3 — Fiora et le pape
   4 — Fiora et le roi de France

Les loups de Lauzargues
   1 — Jean de la nuit
   2 — Hortense au point du jour
   3 — Félicia au soleil couchant

Les Treize vents
   1 — Le voyageur
   2 — Le réfugié
   3 — L'intrus
   4 — L'exilé
L'étoile bleue
La rose d'York

BINCHY MAEVE
Le cercle des amies
Noces irlandaises
Retour en Irlande
Les secrets de Shancarrig

BLAIR LEONA
Les demoiselles de Brandon Hall

BRADSHAW GILLIAN
Le phare d'Alexandrie
Pourpre impérial

BRIGHT FREDA
La bague au doigt

CASH SPELLMANN CATHY
La fille du vent
L'Irlandaise

CHAMBERLAIN DIANE
Vies secrètes

CHASE LINDSAY
Un amour de soie

COLLINS JACKIE
Les amants de Beverly Hills
Le grand boss
Lady boss
Lucky
Ne dis jamais jamais
Rock star

COLLINS JOAN
Love
Saga

COURTILLE ANNE
Les dames de Clermont
   1 — Les dames de Clermont
   2 — Florine

COUSTURE ARLETTE
Emilie

DAILEY JANET
L'héritière
Mascarade
L'or des Trembles
Rivaux
Les vendanges de l'amour

COLLECTION AGORA

Collection d'essais de Pocket, « Agora » aborde tous les domaines de la pensée : des auteurs du XXᵉ siècle aux grands textes fondateurs regroupés dans « Agora les Classiques ».
Collection dirigée par François Laurent.

(Les titres suivis d'une puce font partie de la collection « Agora les Classiques ».)

ANTHOLOGIES

Les atomes •
Aux origines de la linguistique française •
Les classiques de l'économie •
La découverte des lois de l'hérédité •
Les discours du corps. Une anthologie •
Droits de l'homme et philosophie. Une anthologie •
Ecrire au XVIIᵉ siècle •
L'esthétique romantique •
L'invention de la préhistoire •
La naissance de la vie •
L'Orient au miroir de la philosophie •
Philosopher, tome 1 et tome 2
La République et l'école •
Les théories de l'évolution •

ARENDT Hannah
Auschwitz et Jérusalem
Condition de l'homme moderne
Du mensonge à la violence
Rahel Varnhagen

ARISTOTE
Ethique à Nicomaque •
Leçons de physique •
La Métaphysique •

ARON Raymond
Dimensions de la conscience historique

BALDRY H.C.
Le théâtre tragique des Grecs

BAYLE Pierre
De la tolérance •

L'écrivain, son « objet «

PLATON
Apologie de Socrate et le Criton •
Le banquet •
Phédon •
Phèdre •

PLOTIN
Du beau •

POE Edgar Allan
Eurêka •

POLIAKOV Léon
Bréviaire de la haine
Le mythe aryen

POPPER Karl
Misère de l'historicisme
La quête inachevée

POULET Georges
Etudes sur le temps humain, tome 1, tome 2, tome 3 et tome 4

RENAN Ernest
Qu'est-ce qu'une nation? •

REVEL Jean-François
L'absolutisme inefficace

ROBERT Marthe
D'Œdipe à Moïse
Seul, comme Franz Kafka

RODINSON Maxime
La fascination de l'islam

ROMILLY Jacqueline de
Patience mon cœur
Problèmes de la démocratie grecque

ROSTAND Jean
Confidences d'un biologiste

Achevé d'imprimer en avril 1997
sur les presses de l'Imprimerie Bussière
à Saint-Amand (Cher)

POCKET - 12, avenue d'Italie - 75627 Paris Cedex 13
Tél. : 01-44-16-05-00

— N° d'imp. 742. —
Dépôt légal : avril 1995.

Imprimé en France